PROVA POR DECLARAÇÕES DE PARTE

Paulo Osternack Amaral

PROVA POR DECLARAÇÕES DE PARTE

Prefácio
Paula Costa e Silva

2.ª edição
revista, atualizada
e ampliada

2023

EDITORA JusPODIVM
www.editorajuspodivm.com.br

EDITORA *Jus*PODIVM
www.editorajuspodivm.com.br

Rua Canuto Saraiva, 131 – Mooca – CEP: 03113-010 – São Paulo – São Paulo
Tel: (11) 3582.5757
• Contato: https://www.editoraJuspodivm.com.br/central-de-relacionamento

Diagramação: Equipe *Jus*podivm

Capa: Ana Caquetti

M257m Prova por Declarações de Parte / Paulo Osternack Amaral – 2. ed., rev., atual. e ampl. – São Paulo: Juspodivm, 2023.
160 p.

Bibliografia.
ISBN 978-85-442-4044-1.

1. Direito Processual Civil. I. Amaral, Paulo Osternack. II. Título.

CDD 341.46

Para Carolina, com amor.

APRESENTAÇÃO À 2ª EDIÇÃO

Para a minha alegria, a primeira edição esgotou em apenas cinco meses (maio a outubro de 2022). Muito disso deveu-se ao intenso trabalho de divulgação promovido pela editora Juspodivm. Mas também fiz a minha parte. Dediquei-me a apresentar a obra e a expor as ideias nela contidas pelos quatro cantos do nosso país. E a receptividade não poderia ter sido melhor.

Nesses cinco meses, tive mais de uma dezena de oportunidades para expor as minhas ideias em aulas, palestras e debates.

Como se trata de uma verdadeira obra de direito comparado, os advogados e os magistrados frequentemente me perguntavam: "*na prática, como será possível utilizar a prova por declarações de parte no Brasil, considerando que ela não está prevista no CPC/15?*".

Se fosse possível escolher uma única pergunta do público, certamente seria essa. Afinal, ela dava (e ainda dá) a oportunidade de explicar as premissas que embasam o cabimento desse importante meio de prova no processo civil brasileiro.

A acolhida da obra no Brasil foi confirmada por duas generosas resenhas, elaboradas pelas ilustres Professoras Teresa Arruda Alvim (Revista de Processo) e Rogéria Dotti (Revista da

Academia Brasileira de Letras Jurídicas). Ambas identificaram na obra a existência de um verdadeiro estudo de direito comparado e visualizaram a sua utilidade prática para o processo civil brasileiro.

Essa calorosa acolhida trouxe consigo uma responsabilidade adicional: elaborar uma segunda edição que mantivesse a essência da obra e que incorporasse não apenas novidades doutrinárias e jurisprudenciais (posteriores a outubro de 2021, data de fechamento da primeira edição), mas também novas reflexões sobre o assunto.

Partindo dessa premissa, a segunda edição que ora é apresentada ao público foi verdadeiramente revisada, atualizada e ampliada. Houve uma revisão geral do texto, o que conduziu a um aperfeiçoamento redacional. A obra também foi atualizada por meio da inclusão de novidades na doutrina portuguesa e brasileira, bem como a citação de recentes julgados dos tribunais portugueses. Por fim, houve a inclusão de novas ideias sobre o tema, que surgiram dos proveitosos debates em aulas, palestras e encontros acadêmicos.

Reitero o meu desejo de que esta edição sirva de fonte segura de pesquisa aos estudantes e profissionais do direito (portugueses e brasileiros).

Paulo Osternack Amaral
paulo@justen.com.br

Curitiba, outubro de 2022.

APRESENTAÇÃO

A presente obra é resultado do relatório de pós-doutorado intitulado "Prova por declarações de parte", que elaborei junto à Faculdade de Direito da Universidade de Lisboa, sob a orientação da Professora Paula Costa e Silva.

As pesquisas e a elaboração do trabalho foram realizadas a partir de dezembro de 2018 e se estenderam pelo ano de 2019. Durante esse período, fui a Lisboa em três oportunidades e lá permaneci estudando por alguns meses. Isso me permitiu não apenas uma imersão nas pesquisas de doutrina e jurisprudência europeias (não só a portuguesa), mas também um valioso (e prazeroso) convívio acadêmico com a Professora Paula.

O relatório concluído foi depositado no segundo semestre de 2019. Contudo, em razão da pandemia que assolou (e ainda assola) o mundo, a defesa perante a banca (júri) foi realizada apenas em março de 2021, de forma virtual.

O júri foi composto pela Professora Paula Costa e Silva, pela Professora Isabel Maria Grosso Elias Oliveira Alexandre e pelo Professor Paulo Manuel Mello de Sousa Mendes. Após incisiva arguição, o trabalho foi aprovado com nota máxima e distinção.

Esta versão comercial do relatório contou não apenas com complementações e ajustes sugeridos pela banca examinadora, mas também com atualização de doutrina e de jurisprudência posteriores ao depósito realizado em 2019.

Espero que a obra, que se dedica a examinar a *Prova por declarações de parte* em Portugal e sua compatibilidade com o direito brasileiro, seja uma fonte segura de pesquisa para os estudantes e profissionais do direito (portugueses e brasileiros).

Paulo Osternack Amaral

Curitiba, outubro de 2021.

PREFÁCIO

O texto que agora é publicado por Paulo Amaral tem como tema as declarações de parte. Meio de prova expressamente previsto no direito processual civil português a partir da reforma de 2013 (Lei nº 41/2013, de 26 de Junho), a sua consagração visa superar a dúvida em torno da admissibilidade da valoração das declarações das próprias partes para prova de factos que lhes sejam favoráveis. Num sistema que se constrói sobre o princípio da atipicidade dos meios de prova, a previsão expressa das *declarações de parte* enquanto meio de prova autónomo rompe com o paradigma de as declarações das partes apenas poderem ser valoradas no contexto do depoimento de parte.

Admitidas no contexto do direito estrangeiro a partir do caso Dombo, a imposição da admissibilidade das declarações de parte decorreu da tutela do princípio da igualdade, visando suprir estados de necessidade probatórios nos casos das chamadas situações presenciadas a quatro olhos (*unter vier Augen*). Se um dos participantes, v.g., de uma certa reunião, durante a qual houvessem ocorrido factos essenciais, tivesse o estatuto processual de parte, não o tendo o outro participante na mesma reunião, este segundo poderia ser ouvido como testemunha; já a sua contraparte na reunião, porque parte processual, ficaria impedida de, com as suas declarações, influenciar o decisor quanto à decisão a proferir sobre a matéria de facto.

A partir do caso Dombo, muito se pensou e escreveu acerca deste meio de prova. Pressupostos da sua admissibilidade (apenas quando uma das partes se encontre em estado de necessidade probatório ou em qualquer caso), legitimidade para o seu requerimento (apenas a parte, também a contraparte ou o juiz), momento do requerimento da prestação de declarações, valoração das declarações produzidas, natureza subsidiária ou principal deste meio de prova, destrinça da sua autonomia perante o princípio da indivisibilidade da confissão, são apenas alguns dos problemas que este meio de prova vem suscitando.

Todos são enfrentados no texto agora publicado. A monografia de Paulo Amaral percorre as diversas frentes problemáticas que as declarações de parte vêm suscitando no quadro de direitos estrangeiros, perguntando-se, a final, se este meio deve considerar-se admitido no contexto do direito brasileiro que, não obstante a sua recente reforma, o não previu expressamente.

Aquele que quiser empreender a viagem por este novo meio de prova com o Autor percorrerá um trilho iluminado por uma pesquisa aprofundada e por uma reflexão madura.

É tempo do Leitor.

Lisboa, Julho de 2021.

Paula Costa e Silva

Licenciada, Mestre, Doutora e Agregada em Direito.
Professora Catedrática em Ciências Jurídicas da Faculdade de Direito da Universidade de Lisboa.

Sumário

1. INTRODUÇÃO

A contribuição das partes na causa tem assumido especial relevância no processo civil brasileiro e português.

Não há dúvida de que o papel das partes no processo civil brasileiro recebeu indisfarçável posição de protagonismo a partir do Código de Processo Civil de 2015. Há dois exemplos relevantes deste fenômeno.

Sob o aspecto do procedimento, assumem especial destaque os negócios jurídicos processuais. O art. 190 do CPC/15 concebeu uma cláusula geral de negociação (negócios processuais atípicos)[1], permitindo que as partes – sem a intervenção do juiz – negociem antes ou durante o processo sobre aspectos do procedimento e situações jurídicas processuais, desde que preenchidos determinados pressupostos legais.

Na perspectiva probatória, conferiu-se relevância à participação das partes na construção da decisão saneadora, ao se permitir que o juiz designe uma audiência para que o "sa-

1. Na vigência do Código de Processo Civil de 1973 – atualmente revogado – eram admissíveis apenas negócios processuais típicos e em hipóteses muito específicas (p.ex., eleição do foro judicial, distribuição do ônus da prova e suspensão convencional do processo).

neamento seja feito em cooperação com as partes" (CPC/15, art. 357, §3º). Consagrou-se o chamado saneamento compartilhado, que se destina, dentre outras finalidades, a aprimorar a atividade de organização da prova.

Contudo, muito antes do advento do CPC/15 a parte já vinha ocupando posição de destaque no processo brasileiro. A atividade probatória foi sempre o campo fértil para tal participação, na medida em que as informações prestadas pelas partes aparecem como elemento relevante de formação da convicção do julgador.

Tradicionalmente se convencionou afirmar que no depoimento pessoal (ou, mais precisamente, no depoimento de parte) somente seria admissível requerer a oitiva da parte contrária e com o objetivo de se obter a confissão. A evolução da compreensão sobre a relevância da oitiva das partes no processo conduziu à admissão de que elas requeressem não apenas a oitiva de seu adversário (que figurava no polo oposto da relação processual), mas também do corréu (que litigava ao seu lado, no mesmo polo processual). Mais adiante, alguns passaram a vislumbrar a possibilidade de que a parte pleiteasse a sua própria oitiva com o objetivo de transmitir ao juiz diretamente a sua versão sobre os fatos relevantes para a causa.

O processo civil português parece ter caminhado no mesmo sentido, porém por mecanismos diversos dos concebidos no CPC brasileiro. Em Portugal, a Lei nº 41/2013 (que instituiu o Novo Código de Processo Civil português) concebeu um novo meio de prova, denominado *prova por declarações de parte*. Trata-se de meio de prova previsto no art. 466 do CPC, em que se admite às partes prestar declarações sobre fatos em que tenham intervindo pessoalmente ou de que tenham conhecimento direto. O instituto assume especial importância, pois integra uma categoria mais ampla de meios de prova, que identicamente se destinam a assegurar a transmissão de informações pelas partes diretamente ao juiz, de que são exemplos o depoimento pessoal e a prestação de informações ou esclarecimentos sobre fatos que interessem à causa (art. 452).

O objetivo do presente estudo será examinar as principais características da *prova por declarações de parte*. Essa tarefa somente será possível a partir da compreensão das hipóteses de cabimento deste meio de prova, os limites das declarações da parte, o seu impacto sobre a posição das partes e os poderes probatórios do juiz. Também será analisada a sua compatibilidade com o dever de cooperação e o valor probatório que tal declaração assumirá no contexto do processo.

A precisa identificação dos contornos deste meio de prova poderá, eventualmente, reconduzi-lo a algum meio probatório típico existente no processo civil brasileiro. Caso se conclua que a prova por declarações das partes configuraria uma prova atípica à luz do sistema brasileiro, o desafio será verificar se tais declarações de parte seriam compatíveis com a lei brasileira (ou seriam um desvirtuamento de um meio probatório típico) e se haveria alguma serventia em adotá-la nos processos judiciais brasileiros.

O estudo do processo civil italiano contribuirá para a compreensão da participação das partes, em termos probatórios, no processo civil português e brasileiro. A doutrina processual italiana dedica-se há anos sobre o tema, especialmente no que concerne à eficácia probatória das declarações prestadas judicialmente pelas partes[2].

---

2. CAPPELLETTI, Mauro. *La testimonianza della parte nel sistema della'oralità.* Milão: Giuffrè, 1962, vol. 1, *passim.*

Além da atualidade e relevância do tema, um motivo adicional que justifica a eleição da prova por declarações de parte como o objeto deste estudo reside na aparente perplexidade decorrente da inserção deste novo meio de prova no CPC português. Uma primeira aproximação em relação ao tema poderia induzir à conclusão de que a prova por declarações de parte se trataria de mera explicitação do que já seria extraível de outros meios de prova – como, por exemplo, do depoimento pessoal. Ou, ainda, que se trataria de providência que já seria extraível do princípio da cooperação.

O objetivo geral da presente investigação será demonstrar que não procede a ideia de que o legislador teria disciplinado um novo meio de prova no CPC português que, na verdade, já estava abrangido por outro meio de prova existente na lei ou mesmo que já era extraível da cooperação. Rigorosamente, não parece haver sobreposição entre as declarações de parte e outros meios de prova. De um lado, o testemunho de parte continua a ser vedado pelo CPC português (art. 496). Por outro lado, não havia regra expressa que disciplinasse a valoração dos fatos favoráveis declarados pela parte, nem a possibilidade de a parte requerer a oportunidade de prestar suas próprias declarações em juízo. Ainda, a atuação das partes mediante o regime da cooperação parece ostentar contornos próprios, um tanto distintos da prova por declarações de parte.

Esse novo meio de prova, portanto, surge na perspectiva de um processo equitativo (art. 20, n. 4, da Constituição), que se concretiza nas garantias do contraditório, da igualdade de armas e do direito à prova. Permite que as partes prestem suas declarações diretamente ao julgador, sem intermediários, o que tende a potencializar a oralidade e a imediação na colheita das informações. Contudo, a prova deverá ser produzida nos termos e para os fins definidos no art. 466 do CPC.

Tal investigação envolverá o estudo acerca dos meios de prova correlatos – o que será feito apenas na medida do necessário, de modo a delinear os traços distintivos entre as figuras. Com isso, pretende-se demonstrar a autonomia, as particularidades e a relevância deste meio de prova no contexto do direito probatório português.

O presente estudo terá como objetivos específicos responder às seguintes hipóteses:

a) A prova por declaração de parte (por iniciativa da parte) representou algo inovador ou já era extraível do sistema português? A prova por declarações de parte seria admissível à luz do sistema brasileiro?

b) Quem pode requerer a prova por declaração de parte (e as respectivas consequências processuais e probatórias)?

c) A determinação da produção desta prova pelo juiz já não era extraível do dever de cooperação previsto no CPC português? A mesma solução seria admissível à luz do CPC brasileiro?

O atingimento de tais objetivos permitirá compreender os contornos desse meio de prova no âmbito do processo civil português. Com isso, será possível compará-lo com meios de provas existentes no processo civil brasileiro, para ao final reconduzi-lo a um meio probatório típico já existente no sistema brasileiro ou enquadrá-lo como um meio de prova atípico.

2. PROVA POR DECLARAÇÕES DE PARTE: PREMISSAS NECESSÁRIAS

O presente capítulo dedica-se a examinar a amplitude probatória assegurada pela Constituição portuguesa, bem como o precedente que desencadeou relevantes alterações legislativas no sentido de permitir que a parte requeira a sua própria oitiva perante o julgador. Essa investigação será especialmente importante porque permitirá identificar eventual relação entre a decisão tomada pelo Tribunal Europeu dos Direitos do Homem e a inserção de um novo meio de prova no Código de Processo Civil português de 2013.

2.1. Amplitude do direito à prova

O direito ao processo equitativo está previsto no art. 20, n. 4, da Constituição portuguesa: "Todos têm direito a que uma causa em que intervenham seja objeto de decisão em prazo razoável e mediante processo equitativo". Tal preceito também se encontra positivado no art. 6º da Convenção Europeia dos Direitos do Homem[1], no art. 14 do Pacto Internacional Re-

1. "1. Qualquer pessoa tem direito a que a sua causa seja examinada, equitativa e publicamente, num prazo razoável por um tribunal independente e imparcial,

lativo aos Direitos Civis e Políticos, no art. 10 da Declaração Universal dos Direitos do Homem[2] e no art. 47 da Carta dos Direitos Fundamentais da União Europeia[3].

A adequada compreensão do direito ao processo equitativo exige um olhar atento à experiência constitucional norte-americana do *due processo of law*[4], que é consagrado por

---

estabelecido pela lei, o qual decidirá, quer sobre a determinação dos seus direitos e obrigações de carácter civil, quer sobre o fundamento de qualquer acusação em matéria penal dirigida contra ela. O julgamento deve ser público, mas o acesso à sala de audiências pode ser proibido à imprensa ou ao público durante a totalidade ou parte do processo, quando a bem da moralidade, da ordem pública ou da segurança nacional numa sociedade democrática, quando os interesses de menores ou a protecção da vida privada das partes no processo o exigirem, ou, na medida julgada estritamente necessária pelo tribunal, quando, em circunstâncias especiais, a publicidade pudesse ser prejudicial para os interesses da justiça.

2. Qualquer pessoa acusada de uma infracção presume-se inocente enquanto a sua culpabilidade não tiver sido legalmente provada.

3. O acusado tem, como mínimo, os seguintes direitos: a) Ser informado no mais curto prazo, em língua que entenda e de forma minuciosa, da natureza e da causa da acusação contra ele formulada; b) Dispor do tempo e dos meios necessários para a preparação da sua defesa; c) Defender-se a si próprio ou ter a assistência de um defensor da sua escolha e, se não tiver meios para remunerar um defensor, poder ser assistido gratuitamente por um defensor oficioso, quando os interesses da justiça o exigirem; d) Interrogar ou fazer interrogar as testemunhas de acusação e obter a convocação e o interrogatório das testemunhas de defesa nas mesmas condições que as testemunhas de acusação; e) Fazer-se assistir gratuitamente por intérprete, se não compreender ou não falar a língua usada no processo".

2. "Todo o homem tem direito, em plena igualdade, a uma justa e pública audiência por parte de um tribunal independente e imparcial, para decidir de seus direitos e deveres ou do fundamento de qualquer acusação criminal contra ele".

3. "Toda a pessoa tem direito a que a sua causa seja julgada de forma equitativa, publicamente e num prazo razoável, por um tribunal independente e imparcial, previamente estabelecido por lei".

4. CANOTILHO, J. J. Gomes Canotilho. *Direito constitucional e teoria da constituição*. 7. ed., 20ª reimpressão, Coimbra: Almedina, 2003, p. 492.

diversos ordenamentos jurídicos sob as mais variadas denominações[5] e contemplado pela Constituição brasileira como a garantia do devido processo legal[6] (ou, mais precisamente, *devido processo constitucional*)[7]. Isso permite concluir que as principais consequências processuais decorrentes do *processo equitativo* português são equivalentes às extraíveis da cláusula do devido processo legal brasileiro.

Disso decorre que o processo somente será *equitativo* na medida em que sejam concretamente asseguradas as garantias do contraditório, da igualdade de armas, da confiança e do direito à prova.[8]

---

5. Por exemplo, é o que ocorre na Itália, em que a garantia do *giusto processo* prevista no art. 111 da Constituição italiana corresponde substancialmente ao *due process of law* (RICCI, Gian Franco. *Principi di diritto procesuale generale*. 4. ed. Torino: G. Giappichelli Editore, 2012, p. 29). Em sentido semelhante: MANDRIOLI, Crisanto. *Corso di Diritto Processuale Civile. I – Nozioni Introduttive e Disposizioni Generali*. 9. ed. Torino: G Giappichelli Editore, 2011, p. 299.
6. No ordenamento jurídico brasileiro, a garantia do devido processo legal é extraível de duas disposições constitucionais, ambas contidas no art. 5º da Constituição. O inciso LIV assegura que "ninguém será privado da liberdade ou de seus bens sem o devido processo legal"; o inciso LV determina que "aos litigantes, em processo judicial ou administrativo, e aos acusados em geral são assegurados o contraditório e ampla defesa, com os meios e recursos a ela inerentes".
7. BUENO, Cassio Scarpinella. *Curso sistematizado de direito processual civil*. 9. ed. São Paulo: Saraiva, 2018, v. 1, p. 128-131; CÂMARA, Alexandre Freitas. Dimensão processual o princípio do devido processo constitucional. *Revista de Direito do Tribunal de Justiça do Estado do Rio de Janeiro*. n. 104, jul./set. 2015, p. 14.
8. MIRANDA, Jorge; MENDES, Rui. *Constituição portuguesa anotada*. Tomo I – arts. 1º a 79º. 2. ed. Coimbra: Coimbra Editora, 2010, pp. 441-443; CANOTILHO, J. J. Gomes; MOREIRA, Vital. *Constituição da República Portuguesa Anotada*. vol. I – artigos 1º a 107. São Paulo: Revista dos Tribunais, 2007, pp. 415-416; CAMPOS, João Mota de.; PEREIRA, António Pinto; CAMPOS,

O princípio do contraditório impõe que as partes tenham a oportunidade de influenciar prévia e ativamente em todas as fases do processo e sob todos os seus elementos (fatos, provas e questões de direito)[9]. Isso significa que deve ser assegurado não apenas o direito de a parte ser informada acerca de todos os atos processuais, mas também que lhe sejam concedidas oportunidades para reagir (por meio da formulação de alegações de fato e de direito, produção de provas, controle das provas do adversário e manifestação sobre o valor e resultados de umas e outras[10]) e influenciem de forma prévia e adequada na formação da convicção do julgador.[11]

Trata-se de garantir o aperfeiçoamento do binômio informação-reação.[12] A fiel observância do princípio do con-

---

João Luiz Mota de. *O direito processual da União Europeia*. 2. ed. Lisboa: Fundação Calouste, 2014, p. 133. Na doutrina brasileira, dentre tantos, confira-se: DINAMARCO, Cândido Rangel; LOPES, Bruno Vasconcelos Carrilho. *Teoria geral do novo processo civil*. São Paulo: Malheiros, 2016, p. 76; NERY JUNIOR, Nelson. *Princípios do Processo na Constituição Federal*. 12. ed. rev. atual. e aum. São Paulo: Revista dos Tribunais, 2016, p. 118-119; THEODORO JUNIOR, Humberto. *Curso de Direito Processual Civil*. 59. ed. rev. atual. e ampl. Rio de Janeiro: Forense, 2018, p. 47 e 51.

9. FREITAS, José Lebre de. *Introdução ao processo civil: conceito e princípios gerais à luz do novo Código*. 4. ed. Coimbra: Gestlegal, 2017, p. 127. Em sentido semelhante, confira-se: MIRANDA, Jorge. Constituição e Processo Civil. *Separata da Revista Direito e Justiça*. volume VIII, tomo 2, 1994, p. 19-20.
10. ANDRADE, Manuel A. Domingues. *Noções elementares de processo civil*. Coimbra: Coimbra Editora, 1979, p. 379; BARRETO, Ireneu Cabral. *A Convenção Europeia dos Direitos do Homem Anotada*. 5. ed. Coimbra: Almedina, 2015, p. 170.
11. BONICIO, Marcelo José Magalhães. *Princípios do Processo no Novo Código de Processo Civil*. São Paulo: Saraiva, 2016, p. 77.
12. "a doutrina vem há algum tempo identificando o contraditório no binômio *informação-reação*, com a ressalva de que, embora a primeira seja absolutamente necessária sob pena de ilegitimidade do processo e nulidade de seus atos, a

traditório tem, dentre outras finalidades, a de evitar o que se convencionou chamar de "decisão-surpresa", que ocorrerá quando o julgador proferir uma decisão sem que tenha sido franqueada às partes a oportunidade de se manifestar previamente sobre uma questão de fato ou de direito (material ou processual)[13] – ainda que se trate de matéria que o juiz possa conhecer de ofício.[14] A proibição à prolação da decisão-surpresa

---

segunda é somente *possível*" (DINAMARCO, Cândido Rangel. *Instituições de direito processual civil.* 8. ed. São Paulo: Malheiros, 2016, v. 1, p. 347).

13. FREITAS, José Lebre de. Inconstitucionalidades do Código de Processo Civil. *Separata da Revista da Ordem do Advogados* , ano 52, I, Lisboa, abril 1992, p. 37; RODRIGUES, Fernando Pereira. *O novo processo civil*: os princípios estruturantes. Coimbra: Almedina, 2013, p. 47. Carlos Lopes do Rego, amparado em acórdãos do Tribunal Constitucional, destaca que caracterizará "verdadeira e inquestionável *decisão-surpresa*" a formulação de determinada exigência formal, de conteúdo insólito e imprevisível, que prejudique "drasticamente o exercício do '*direito de defesa*' pela parte afectada" (REGO, Carlos Lopes do. Os princípios constitucionais da proibição da indefesa, da proporcionalidade dos ónus e cominações e o regime da citação em processo civil. *Estudos em homenagem ao Conselheiro José Manuel Cardoso da Costa.* Coimbra: Coimbra Editora, 2003, p. 848).

14. É o que dispõe o art. 3º, n. 3, do CPC: "O juiz deve observar e fazer cumprir, ao longo de todo o processo, o princípio do contraditório, não lhe sendo lícito, salvo caso de manifesta desnecessidade, decidir questões de direito ou de facto, mesmo que de conhecimento oficioso, sem que as partes tenham tido a possibilidade de sobre elas se pronunciarem". Sobre o tema, confiram-se: SILVA, Paula Costa e. Poderes do tribunal de recurso sobre o objecto do processo. *Cadernos de direito privado*, n. 1, p. 72-73, jan./mar. 2003; FREITAS, *Introdução...*, p. 135. João Mota de Campos, António Pinto Pereira e João Luiz Mota de Campos também destacam essa preocupação, ao analisar o princípio do contraditório no contexto do processo nos Tribunais da União Europeia: "Estas considerações valem igualmente, como se referiu, sempre que o juiz da União suscite oficiosamente um fundamento puramente jurídico. Efetivamente, a resolução de um litígio através da aplicação de uma norma jurídica, mesmo que esta seja de ordem pública, advém necessariamente de uma apreciação do juiz, a qual só pode ser enriquecida e sustentada, ou, se for o caso, infirmada, pelas observações das partes" (CAMPOS, PEREIRA e CAMPOS, *O direito...*,

é expressamente afirmada pelo Supremo Tribunal de Justiça português[15] e pelo Superior Tribunal de Justiça brasileiro[16].

---

p. 239). O CPC brasileiro foi ainda mais explícito, tal como se infere da análise conjugada das seguintes regras: "Art. 9º Não se proferirá decisão contra uma das partes sem que ela seja previamente ouvida" e "Art. 10º O juiz não pode decidir, em grau algum de jurisdição, com base em fundamento a respeito do qual não se tenha dado às partes oportunidade de se manifestar, ainda que se trate de matéria sobre a qual deva decidir de ofício". A doutrina brasileira reputa que o princípio do contraditório conduz à "vedação da decisão surpresa" (ou sentença de "terceira via"): NERY JUNIOR, *Princípios*..., p. 261; BUENO, *Curso*..., v. 1, p. 133.

15. "I – A decisão surpresa que a lei pretende afastar com a observância do princípio do contraditório, contende com a solução jurídica que as partes não tinham a obrigação de prever, para evitar que sejam confrontadas com decisões com que não poderiam contar, e não com os fundamentos que não perspetivavam de decisões que já eram esperadas" (Supremo Tribunal de Justiça, processo 177/15.0T8CPV-A.P1.S1, relator Helder Roque, julgado em 12/07/2018).

16. "4. A partir do CPC/2015 mostra-se vedada decisão que inova o litígio e adota fundamento de fato ou de direito sem anterior oportunização de contraditório prévio, mesmo nas matérias de ordem pública que dispensam provocação das partes. Somente argumentos e fundamentos submetidos à manifestação precedente das partes podem ser aplicados pelo julgador, devendo este intimar os interessados para que se pronunciem previamente sobre questão não debatida que pode eventualmente ser objeto de deliberação judicial. (...) 6. A proibição de decisão surpresa, com obediência ao princípio do contraditório, assegura às partes o direito de serem ouvidas de maneira antecipada sobre todas as questões relevantes do processo, ainda que passíveis de conhecimento de ofício pelo magistrado. O contraditório se manifesta pela bilateralidade do binômio ciência/influência. Um sem o outro esvazia o princípio. A inovação do art. 10 do CPC/2015 está em tornar objetivamente obrigatória a intimação das partes para que se manifestem previamente à decisão judicial. E a consequência da inobservância do dispositivo é a nulidade da decisão surpresa, ou decisão de terceira via, na medida em que fere a característica fundamental do novo modelo de processualística pautado na colaboração entre as partes e no diálogo com o julgador. 7. O processo judicial contemporâneo não se faz com protagonismos e protagonistas, mas com equilíbrio na atuação das partes e do juiz de forma a que o feito seja conduzido cooperativamente pelos sujeitos processuais principais. A cooperação processual, cujo dever de consulta é uma das suas manifestações, é

Uma das consequências decorrentes do princípio do contraditório consiste na denominada "proibição da indefesa", assim considerada como a vedação a que um sujeito seja privado de apresentar a sua defesa a um juiz, de modo a contradizer fundamentos de fato e de direito que tenham sido invocados contra si.[17]

O princípio da igualdade de armas consiste na repercussão processual (art. 4º do CPC) da garantia constitucional da igualdade (art. 13 da CRP) que, em última análise, destina-se a concretizar o direito ao processo equitativo. Significa que as partes deverão não apenas ter assegurado o acesso aos tribunais, mas também o direito de serem tratadas de forma isonômica no curso do processo. O objetivo é que seja preservada uma situação de equilíbrio entre as partes, o que se traduz na exigência de que ostentem direitos processuais idênticos, que estejam também sujeitas a ônus e cominações idênticos, sempre que, obviamente, a sua posição no processo seja equivalente.[18]

---

traço característico do CPC/2015. Encontra-se refletida no art. 10, bem como em diversos outros dispositivos espraiados pelo Código. 8. Em atenção à moderna concepção de cooperação processual, as partes têm o direito à legítima confiança de que o resultado do processo será alcançado mediante fundamento previamente conhecido e debatido por elas" (STJ, 2ª Turma, REsp 1.676.027/PR, relator Ministro Herman Benjamin, DJe 11/10/2017).

17. SOUSA, Miguel Teixeira de. A jurisprudência constitucional portuguesa e o direito processual civil. *XXV anos de jurisprudência constitucional portuguesa.* Coimbra: Coimbra Editora, 2009, p. 83.

18. MIRANDA, Jorge; MEDEIROS, Rui. *Constituição portuguesa anotada* –arts. 1.º a 79.º. 2. ed. revista, Lisboa: Universidade Católica Editora, 2017, vol. 1, p. 323. No mesmo sentido: FREITAS, José Lebre de. A igualdade de armas no direito processual civil português. *O Direito*, n. IV, out./dez. 1992, p. 618. Em trabalho mais recente, Lebre de Freitas destaca a persistência no CPC de 2013 de dispositivos que *não* observam o princípio da igualdade, de que é exemplo o art. 511, n.º 1, ao autorizar uma disparidade entre o número de testemunhas dos autores e réus (FREITAS, *Introdução...*, p. 140-141).

O princípio da confiança (ou princípio da proteção da confiança legítima)[19] é um dos corolários do processo equitativo e visa a garantir segurança jurídica por meio de previsibilidade das condutas estatais. No âmbito do processo, o princípio da confiança permite extrair uma dupla vertente. De um lado, as partes devem confiar nos atos do tribunal, de modo que não podem ser prejudicadas por erros do Poder Judiciário. Por outro lado, as partes nutrem a legítima expectativa de que de suas condutas processuais sejam extraídas consequências "expectáveis ou razoáveis".[20] No processo civil brasileiro, o princípio da proteção à confiança pode ser extraído do art. 5º do CPC/15, que impõe o dever de "comportar-se de acordo com a boa-fé" a todo aquele que de alguma forma participar do processo.[21]

---

19. Na perspectiva do processo comunitário, "O *princípio da proteção da confiança legítima* visa assegurar aos operadores económicos do mercado interno uma certa estabilidade, continuidade ou permanência da situações jurídicas constituídas ao abrigo de determinada legislação, na medida em que impõe ao legislador da União, quando decida proceder à modificação das normas em vigor, temperar tal modificação mediante o estabelecimento de um prazo ou de medidas transitórias adequadas a proteger os interesses contra alterações legislativas bruscas – que o mesmo é dizer, contra o arbítrio do legislador" (CAMPOS, PEREIRA e CAMPOS, *O direito...*, p. 170).

20. SOUSA, A jurisprudência..., p. 84-85. À luz do sistema brasileiro, Flávio Luiz Yarshell extrai a seguinte consequência da relação entre contraditório e prova: "o contraditório envolve a prerrogativa de requerer ou propor a produção de prova. Isso exige prévio conhecimento das regras acerca da distribuição do ônus da prova, porque não há como aquilatar a necessidade da prova sem saber a quem está imputando o respectivo encargo. A prévia e clara atribuição do ônus da prova se afeiçoa ao que se convencionou chamar de *confiança legítima*, expressão do direito fundamental à segurança (art. 5º, *caput*, da CF)" (YARSHELL, Flávio Luiz. *Curso de Direito Processual Civil.* São Paulo: Marcial Pons, 2014, p. 108).

21. Essa é a conclusão atingida por Fernando Gajardoni, Luiz Dellore, Andre Roque e Zulmar Oliveira Jr., com a qual se concorda integralmente: "o juiz não pode frustrar as expectativas dos jurisdicionados, em determinado processo, com a prática de atos contraditórios. A proteção à confiança se encaixa com a boa--fé e na cooperação (artigo 6º), em mecanismo processual destinado a servir

Por fim, o direito à prova também decorre da garantia constitucional a um processo equitativo e assegura às partes o direto de participar de todas as etapas da atividade probatória (requerimento, admissibilidade, produção e valoração)[22], inclusive com a concessão da oportunidade de falar sobre os resultados atingidos a partir da produção das provas.[23] Mas obviamente que isso não se traduz em um direito absoluto e irrestrito de provar. Não há dúvida de que o direito à prova pode ser restringido em certos casos, especialmente quando a produção da prova se revelar concretamente inútil (manifestamente irrelevante[24]) ou se estiver diante de uma prova ilícita. Em tais situações a prova será inadmissível.

Contudo, a limitação ao direito de as partes provarem no processo não pode ser desproporcionalmente restringido – seja pelo juiz[25] ou mesmo pelo legislador. As limitações ao direito à prova devem ser racionais, justificadas e proporcionais.[26] Disso

---

de proteção ao jurisdicionados frente às mudanças nas situações processuais de forma arbitrária e contraditória". (GAJARDONI, Fernando da Fonseca; DELLORE, Luiz; ROQUE, Andre Vasconcelos; OLIVEIRA JR., Zulmar Duarte de. *Teoria geral do* processo: comentários ao CPC de 2015 – parte geral. São Paulo: Forense, 2015, p. 32).

22. José Alberto dos Reis destaca os "momentos característicos" do procedimento probatório: *proposição de prova* (requerimento), *admissão da prova* (deferimento), *produção da prova* (atos tendentes à formação da prova) e *assunção da prova* (incorporação ao processo do material probatório) (REIS, José Alberto dos. *Código de processo civil anotado*. 3. ed. (reimpressão) Coimbra: Coimbra Editora, 2012, vol. 3, p. 239).
23. WAMBIER e TALAMINI, *Curso*..., v. 2, p. 231-232.
24. FREITAS, Inconstitucionalidades..., p. 36.
25. MARQUES, João Paulo Remédio. A aquisição e a valoração probatória de factos (des)favoráveis ao depoente ou à parte chamada a prestar informações ou esclarecimentos. *Julgar*, n. 16, jan.-abr., Coimbra, Coimbra Editora, 2012, p. 154.
26. BRANCO, Carlos Castelo. *A prova ilícita: verdade ou lealdade?* Coimbra: Almedina, 2019, p. 84.

decorre que seria incompatível com a garantia constitucional a um processo equitativo se o sistema processual não oferecesse um meio de prova adequado à comprovação das alegações fáticas deduzidas pelas partes.[27]

Exemplo de tal restrição desproporcional consistia na hipótese em que a única fonte de prova existente eram as próprias partes, mas a lei não autorizava que elas requeressem a sua própria oitiva para prestar suas declarações perante o julgador.

Ao tempo do CPC português de 1961, a única forma de uma parte requerer a oportunidade de ela própria comparecer perante o julgador e prestar as suas declarações seria a título de prova atípica. Nesse contexto, a admissibilidade da prova atípica teria respaldo na amplitude probatória admitida pela Constituição, a partir da adequada interpretação da garantia do processo equitativo.

Desde aquela época a doutrina já se inclina no sentido de reconhecer a *livre admissibilidade dos meios de prova.*[28]

---

27. Essa é a posição de Jorge Miranda e Rui Medeiros, amparada em decisão do Tribunal Constitucional (MIRANDA e MEDEIROS, *Constituição...*, vol. 1, p. 324). No mesmo sentido: MENDES, João de Castro; SOUSA, Miguel Teixeira de. *Manual de processo civil.* Lisboa: AAFDL, 2022, v. 1, p. 505.
28. Reconhecendo a admissibilidade das provas atípicas no sistema português, confira-se: SILVA, Paula Costa e.; REIS, Nuno Trigo dos. A prova difícil: da probatio levior à inversão do ónus da prova. *Revista de Processo,* n.º 222, p. 149-170, ago/2013; VARELA, Antunes; BEZERRA, J. Miguel; NORA, Sampaio e. *Manual de processo civil.* 2. ed. Coimbra: Coimbra Editora, 1985, p. 467-469; ALEXANDRE, Isabel. *Provas ilícitas em processo civil.* Coimbra: Almedina, 1998, p. 46; MARQUES, *A aquisição...*, p. 142-143 e 145; CAMPOS, Sara Rodrigues. *(In)admissibilidade de provas ilícitas*: dissemelhança na produção de prova no direito processual? Coimbra: Almedina, 2018, p. 44; CUNHA, António Júlio. *Direito processual declarativo à luz do Novo Código de Processo Civil.* 2. ed. Lisboa: Quid Juris, 2015, p. 350; BRANCO, *A prova...*, p. 120. Em sentido contrário: FREITAS, José Lebre de. *A ação declarativa comum* (à

Contudo, como não havia um dispositivo legal que admitisse expressamente o emprego de meios de provas não constantes do elenco legal, a doutrina dedicou-se a interpretar sistematicamente o sistema vigente, de modo a lhe tornar compatível com a diretriz constitucional do processo equitativo.

Esse esforço interpretativo era extraível, por exemplo, das lições de Miguel Teixeira de Sousa, ao tempo do CPC revogado: "Dada a importância da prova para a decisão da causa, é desejável que a lei não exclua a admissibilidade de outros meios de prova, além daqueles que são típicos. É salutar que a lei aceite a chamada prova atípica".[29] Mais adiante, Teixeira de Sousa dedicava-se a interpretar a regra do art. 345, n.º 2, do Código Civil, que autoriza às partes convencionar um "meio de prova diverso dos legais quando o objecto do processo não for um direito indisponível e isso não contrarie razões de ordem pública".[30] E arrematava trazendo dois exemplos em que a própria lei aceita a utilização de um meio de prova inominado ou atípico: (*i*) a prova da insuficiência econômica do requerente de apoio judiciário pode ser feita por qualquer meio idôneo (art. 19 do Decreto-Lei n.º 387-B/87)[31]; (*ii*) em certos casos os poderes inquisitórios do tribunal permitem a utilização de prova atípica, como ocorre nos processos de jurisdição voluntária (atual art. 986, n.º 2, do CPC)[32].

---

luz do Código de Processo Civil de 2013). 4. ed. Coimbra: Gestlegal, 2017, p. 262-263.

29. SOUSA, Miguel Teixeira de. *As partes, o objecto e a prova na acção declarativa*. Lisboa: Lex, 1995, p. 198.

30. SOUSA, *As partes...*, p. 198.

31. Dispõe o art. 19 do Decreto-Lei n.º 387-B/87: "A prova da insuficiência econômica do requerente pode ser feita por qualquer meio idóneo."

32. Dispõe o art. 986, n.º 2, do CPC: "O tribunal pode, no entanto, investigar livremente os factos, coligir as provas, ordenar os inquéritos e recolher as

Em estudo mais recente, elaborado em coautoria com João de Castro Mendes, Miguel Teixeira de Sousa parece ter alterado parcialmente o seu posicionamento, ao afirmar que, por força do art. 345, n. 2, do Código Civil, "fica vedado às partes ampliar o elenco legal de prova". Porém, em seguida, ressalvam os autores que "nada obsta que a lei preveja meios de prova atípicos".[33]

No Brasil, há décadas a doutrina é unânime no sentido de admitir a produção de provas atípicas no processo civil. Os motivos para tal aceitação são bastante claros.

Tal como no sistema português, o direito à prova é extraível da garantia constitucional ao devido processo legal, nas perspectivas do contraditório e da ampla defesa. Contudo, no plano infraconstitucional, o sistema brasileiro possui a regra do art. 369 do CPC de 2015[34], segundo o qual "As partes têm o direito de empregar todos os meios legais, bem como os moralmente legítimos, ainda que não especificados neste Código, para provar a verdade dos fatos em que se funda o pedido ou a defesa e influir eficazmente na convicção do juiz".

A correta interpretação deste dispositivo permite concluir que o processo civil brasileiro autoriza a produção de todos os meios de prova (típicos ou atípicos), desde que compatíveis com a lei (material ou processual) e com preceitos éticos. Disso decorre a inadmissibilidade da produção de provas ilícitas e de provas obtidas a partir de condutas imorais.[35]

---

informações convenientes; só são admitidas as provas que o juiz considere necessárias".

33. MENDES e SOUSA, *Manual...*, v. 1, p. 564.

34. Equivalente à regra contida no art. 332 do CPC de 1973 (atualmente revogado).

35. Sobre o tema, no Brasil, confira-se: AMARAL, Paulo Osternack. *Provas*: atipicidade, liberdade e instrumentalidade. 3. ed. São Paulo: Revista dos Tribunais, 2021, p. 88-

Essa comparação permite concluir que no contexto do processo civil português, muito embora prevalecesse orientação doutrinária no sentido da amplitude probatória – e, consequente, da admissibilidade de provas atípicas – não parecia haver a mesma segurança no que se refere à aceitação de um direito da parte de comparecer perante o julgador para prestar as suas declarações. Ao tempo do CPC revogado, a intervenção oral das partes só seria possível quando a parte requeresse o depoimento de outra parte, o juiz determinasse o depoimento pessoal ou quando o juiz convocasse a parte para prestar esclarecimentos. Como se verá adiante, tais iniciativas tinham objetivos específicos, dentre os quais não se inseria a produção de prova em favor da parte depoente.

Essas circunstâncias justificam a análise dos antecedentes da prova por declarações de parte, o que permitirá atingir dois objetivos: (*i*) compreender qual espécie de controvérsia justifica a autorização para que a parte preste declarações com a finalidade de constituir prova em seu favor; e (*ii*) verificar se o CPC português contemplou esse meio de prova com atenção aos contextos histórico e legislativo que justificaram a sua admissão no passado.

2.2. Antecedentes da prova por declarações de parte: caso Dombo

Em 27 de outubro de 1993 o Tribunal Europeu dos Direitos do Homem – TEDH julgou caso paradigmático, envolvendo Dombo Beheer B. V. vs. The Netherlands (Banco).

Discutiu-se perante as cortes locais acerca da necessidade de se demonstrar no processo a existência de um acordo firmado

100. Na Itália, ver por todos: TARUFFO, Michele. Prove atipiche e convincimento del giudice. *Rivista di diritto processuale*, n. 3, p. 389-434, jul./set., 1973.

entre a Dombo e o Banco, que teria estendido verbalmente o limite de crédito da Dombo (e suas subsidiárias) junto à instituição financeira. Apenas duas pessoas estavam presentes nesta reunião, em que o benefício creditício teria sido acordado: um representante da Dombo e um representante do Banco. Contudo, apenas o funcionário do Banco foi autorizado a depor no processo e o fez na condição de testemunha. Não foi admitido o depoimento do representante da Dombo, sob o fundamento de que ele se confundiria com a própria parte e não seria admissível o testemunho de parte no processo.

Inconformada, a Dombo submeteu a questão ao TEDH, sob o argumento principal de que não teria sido observado o princípio da igualdade de armas, por ofensa ao seu direito a um "*fair hearing*", garantido no art. 6º, parágrafo 1º, da Convenção Europeia de Direitos Humanos.

O TEDH decidiu que, durante as relevantes negociações, os sujeitos atuaram em pé de igualdade, ambos com poderes para negociar em favor de suas respectivas partes. Logo, era difícil compreender o motivo pelo qual não deveriam ambos os sujeitos terem sido autorizados a provar. Com isso, concluiu que a Dombo foi submetida a uma desvantagem probatória substancial em relação ao Banco, o que implicou violação ao art. 6º, parágrafo 1º, da Convenção.

O TEDH passou a adotar como precedente a tese firmada no caso Dombo, especialmente no que concerne à preservação da igualdade de armas em termos probatórios. É o que se extrai, por exemplo, dos casos Yvon vs. França[36],

36. No caso, uma das partes detinha vantagens significativas sobre o acesso a informações, ocupava uma posição dominante no processo e tinha uma influência considerável sobre a apreciação do tribunal (TEDH, Processo nº 44962/98, julgado em 24/07/2003).

Lobo Machado vs. Portugal[37], De Haas e Gijsels vs. Bélgica[38] e Ankerl vs. Suíça[39].

Seguindo tal orientação firmada no âmbito do Tribunal Europeu dos Direitos do Homem, a doutrina atual interpreta a regra do art. 6º, parágrafo 1º, da Convenção, nos seguintes termos: "Um processo equitativo exige, como elemento co-natural, que cada uma das partes tenha possibilidades razoáveis de defender os seus interesses numa posição não inferior à parte contrária; ou, de outro modo, a parte deve deter a garantia de apresentar o seu caso perante o tribunal em condições que não a coloquem em substancial desvantagem face ao seu oponente".[40]

---

37. Estabeleceu-se que o conceito de julgamento justo também implica o direito de as partes terem conhecimento e deduzirem comentários sobre todas as provas ou observações apresentadas (TEDH, Processo 15.764/89, julgado em 20/02/1996). No mesmo sentido: Vermeulen vs. Bélgica, Processo nº 190751, julgado em 20/02/1996.

38. No caso, uma das partes detinha cargos ou desempenhava funções que a colocava em situação de vantagem. Ao não autorizar a outra parte a produzir provas documentais ou testemunhais relevantes, o tribunal comprometeu a probabilidade de sucesso da ação intentada pela outra parte (TEDH, Processo nº 19983/92, julgado em 24/02/1997).

39. Reafirmou-se o princípio da igualdade de armas como um componente do conceito mais amplo de julgamento justo, que determina que a cada parte seja oferecida oportunidade razoável para apresentar seu caso, em condições que não a coloque em desvantagem substancial em relação a seu adversário (TEDH, Processo nº 17748/91, julgado em 23/10/1996). No mesmo sentido: Nideröst-Huber vs. Suíça, Processo nº 18990/91, julgado em 18/02/1997; Kress vs. França, Processo nº 39594/98, julgado em 07/06/2001.

40. BARRETO, *A Convenção...*, p. 169-170. Na mesma linha é a interpretação realizada por João de Deus Pinheiro Farinha: "O direito a um processo equitativo, no cível como no penal, implica que a parte possa expor as suas razões ao tribunal em condições não menos favoráveis do que as da parte contrária"; "O que se denomina normalmente por 'igualdade de armas', isto é, a igualdade de direitos processuais do acusado e do M.P. é um elemento

O princípio de que qualquer sujeito tem o direito a um processo equitativo assumiu relevância destacada no âmbito do direito comunitário. Prova disso é que o Tribunal de Justiça da União Europeia o considerou como princípio geral de direito da União Europeia, passando a ser "reconhecido e aplicado no quadro da União, quer quando os Tribunais da União são chamados a aplicar sanções aos operadores do mercado interno quer quando julgam ações de indemnização de perdas e danos".[41]

Como se verá adiante, a orientação firmada no âmbito da jurisprudência do TEDH repercutiu de forma marcante sobre a legislação de países integrantes da União Europeia.

2.3. Repercussão sobre o processo civil holandês

A relevância da questão processual debatida no caso Dombo revigorou o debate acerca da admissibilidade da oitiva das partes pelo julgador para efeitos probatórios – e não para fins meramente de esclarecimento ou para a provocação da confissão.[42]

A alteração do direito holandês parece ter sido a mais significativa. Passou-se a admitir o depoimento da própria parte, a partir do precedente formado no caso Dombo, derivado de um litígio originário daquele país. Ponderou-se du-

---

necessário a todo o processo equitativo" (FARINHA, João de Deus Pinheiro. Convenção europeia dos direitos do homem anotada. *Convenção para a protecção dos direitos do homem e das liberdades fundamentais*. Lisboa, 1980, p. 31 e 32).

41. CAMPOS, PEREIRA e CAMPOS, *O direito*..., p. 132.
42. SILVA e REIS, A prova..., p. 149-170.

rante os trabalhos prévios à alteração legislativa que, nos casos em que a insuficiência de provas por uma parte conduzisse à desigualdade legal, os argumentos a favor da admissão do testemunho das partes deveriam receber mais peso do que o receio de problemas de avaliação, que também são passíveis de ocorrer no caso do depoimento de outras testemunhas.[43]

Atualmente a declaração de parte no processo civil holandês[44] é admissível com base na interação de principalmente três regras:

> (*i*) determinação pelo juiz do comparecimento das partes em audiência para prestar esclarecimentos (art. 88 do CPC holandês). O juiz fará a inquirição das partes e também as partes poderão

43. "It appears from the drafting history of this legislation that those cases 'in which insufficiency of evidence on the part of one party leads to legal inequality' especially led to the conclusion that 'the arguments in favour of allowing parties to testify should be given more weight than the fear of bias and problems of assessment, which incidentally are just as likely to occur in the case of other statements by witnesses'. As an example of such legal inequality it was mentioned 'that a party who is a natural person who is disqualified as a witness may be confronted with (for instance) a party who is a legal person, which is in a position to bring forward 'third parties', although the credibility of these witnesses is just as doubtful in view of their close connections with that party or the proceedings. ... [I]t is difficult to see why one individual should be allowed to make a statement under oath in court about matters in which he had a part while the other person involved should not. This even applies regardless of any insufficiency of evidence in the sense that no other evidence is available...' (Parlementaire Geschiedenis Nieuw Bewijsrecht, Parliamentary Drafting History of the New Law of Evidence, pp. 189-90)" – extraído da decisão do caso Dombo Beheer B. V. vs. The Netherlands, Processo nº 14448/88, julgado em 27/10/1993.
44. Sobre o tema, confira-se: VAN RHEE, C.H. Evidence in civil procedure in the Netherlands: tradition and modernity. In: VAN RHEE, C.H.; UZELAC, A. (coords.). *Evidence in contemporary civil procedure (fundamental issues in a comparative perspective)*. Cambridge: Intersentia, 2015, p. 257-289.

fazer perguntas umas às outras – as quais se submeterão ao crivo judicial. Ao final, deverá ser elaborado um relatório oficial. A eventual declaração da parte sobre fatos controvertidos não fará prova em favor da parte que a emitiu. Contudo, o juiz poderá valorar da forma que reputar mais adequada as declarações prestadas pelas partes, o eventual não comparecimento à audiência ou a recusa de responder ou de assinar a ata.

(*ii*) as partes podem ser ouvidas como testemunhas em seus próprios casos, mas a sua declaração quanto a um fato *probando* não pode constituir prova em seu favor (art. 164 do CPC holandês). Exceção a essa regra será se a declaração servir para complementar as provas já produzidas. A exemplo do que ocorre com a prestação de esclarecimentos (art. 88 do CPC holandês), o juiz está autorizado a extrair as conclusões que considerar adequadas caso a parte injustificadamente não compareça à audiência, não responda ao que lhe for perguntado ou se recuse a assinar a sua declaração. Mas não será admissível a imposição de prisão civil à parte que se recuse a testemunhar (apenas às demais testemunhas).

(*iii*) ordem dos depoimentos das testemunhas, inclusive considerando o fato de elas ostentarem também a condição de parte (art. 179 do CPC holandês). As partes e seus advogados podem fazer perguntas às testemunhas, as quais sempre ficarão sujeitas ao controle pelo juiz. A declaração prestada por uma parte não servirá como prova em seu favor, mas o juiz poderá valorar a conduta processual da parte (não comparecimento à audiência ou recusa a responder ou a assinar a ata).

Extrai-se dessas regras a autorização expressa para que as partes prestem depoimentos no processo na condição de testemunhas. Aparentemente o testemunho da parte não terá um valor probatório autônomo. Funcionará como uma fonte complementar da prova já produzida. Em qualquer caso, a conduta da parte será valorada em termos probatórios pelo juiz.

2.4. Tipificação da prova por declarações de parte no CPC português de 2013

Ao tempo do Código de Processo Civil de 1961, coexistiam dois regramentos que autorizavam a prestação de declarações pelas partes no processo português. De um lado, o art. 552 disciplinava o depoimento pessoal, cujo objetivo era a obtenção da confissão. Por outro lado, o juiz poderia se valer do princípio da cooperação (art. 266, nº 2) para convocar as partes a comparecer em juízo, em qualquer fase do processo, de modo a solicitar-lhes esclarecimentos.[45] Nesse caso, a finalidade era a "clarificação das alegações das partes sobre a matéria de facto ou de direito, e não a obtenção de material probatório".[46]

Todavia, muito embora a jurisprudência já sinalizasse no sentido de admitir a valoração do depoimento de parte em matéria não confessória,[47] sempre foi motivo de incerteza a admissibilidade e o valor probatório assumido pelas declarações pessoais prestadas em juízo, na parte em que não caracterizavam confissão.

Invocava-se então o instituto das provas atípicas, assim considerado o meio de prova que não contém previsão expressa na lei, mas que com ela é compatível (de forma ampla,

45. CORREIA, João; PIMENTA, Paulo; CASTANHEIRA, Sérgio. *Introdução ao Estudo e à Aplicação do Código de Processo Civil de 2013*. Coimbra: Almedina, 2013, p. 56.

46. FARIA, Paulo Ramos de; LOUREIRO, Ana Luísa. *Primeiras notas ao novo Código de Processo Civil:* os artigos da reforma. 2. ed. Coimbra: Almedina, 2014, v. 1, p. 395.

47. Tome-se como exemplo os seguintes acórdãos do Tribunal da Relação do Porto: processo 0230198, relator Moreira Alves, julgado em 04/04/2002; processo 0131287, relator Viriato Bernardo, julgado em 18/10/2001.

não caracterizavam um meio de prova ilegal). Como visto em tópico precedente, a doutrina majoritária posiciona-se no sentido de admitir a produção de provas atípicas no processo civil português, em especial diante da amplitude probatória assegurada pela Constituição. Afinal, haveria uma restrição desproporcional do direto constitucional a um processo equitativo caso as partes não tivessem à sua disposição um meio de comprovar as suas alegações em juízo.

É o que relata João Paulo Remédio Marques: "esgrime-se em favor desta posição com os princípios da *livre apreciação das provas*, da *aquisição processual (art. 515.º do CPC) e da descoberta da verdade* (ao abrigo do *inquisitório*), com a existência de uma disciplina de presunções simples, com a garantia (constitucional) do *direito à prova* (direito de acesso ao Direito e aos Tribunais) e do *direito a um processo equitativo*".[48]

Tal posicionamento era reforçado pelo fato de que, em nenhum momento, a lei portuguesa afirmava que as declarações não confessórias de uma parte seriam inadmissíveis no processo.[49]

Diante desse contexto é que foi publicada a Lei 41/2013, que instituiu o novo Código de Processo Civil português. Dentre tantas alterações, merece destaque a inserção no art. 466 do CPC de um novo meio de prova: *a prova por declarações de parte.*[50]

---

48. MARQUES, A aquisição..., p. 146.

49. MARQUES, *A aquisição...*, p. 159.

50. Dispõe o art. 466 do CPC: "1 – As partes podem requerer, até ao início das alegações orais em 1.ª instância, a prestação de declarações sobre factos em que tenham intervindo pessoalmente ou de que tenham conhecimento direto.

A Exposição de Motivos da Lei 41/2013, ao justificar a inserção da prova por declarações de parte no sistema português, consignou expressamente que "Prevê-se a possibilidade de prestarem declarações em audiência as próprias partes, quando – face, nomeadamente, à natureza pessoal dos factos a averiguar – tal diligência se justifique, as quais são livremente valoradas pelo juiz, na parte em que não representem confissão".

A inserção da regra no CPC é relevante sob diversos aspectos.

O processo civil português assenta-se em um modelo essencialmente escrito. Os fatos são "tratados" e "filtrados" por advogados, de modo a traçar suas estratégias de acordo com os efeitos jurídicos decorrentes de tais fatos, que então serão apresentados por escrito ao julgador.

Diante disso, a prova por declarações de parte consiste em mecanismo orientado a garantir a espontaneidade da narrativa da parte, fornecendo ao julgador um material fático mais aderente à realidade e um conjunto probatório mais robusto.[51] Trata-se de regra que concretiza o direito a um processo equitativo, mediante a consagração do *direito à comparência pessoal* da parte, a fim de ela seja ouvida.[52]

---

2 – Às declarações das partes aplica-se o disposto no artigo 417.º e ainda, com as necessárias adaptações, o estabelecido na secção anterior. 3 – O tribunal aprecia livremente as declarações das partes, salvo se as mesmas constituírem confissão."

51. FERNANDEZ, Elizabeth. *Um novo Código de Processo Civil? Em busca de diferenças*. Porto: Vida Económica, 2014, p. 89-90; GERALDES, António Santos Abrantes; PIMENTA, Paulo; SOUSA, Luís Felipe Pires de. *Código de Processo Civil Anotado*: parte geral e processo de declaração. Coimbra: Almedina, 2018, v. 1, p. 530.

52. FREITAS, *Introdução...*, p. 141.

Ademais, a admissibilidade da prova por declarações de parte será fundamental nos casos em que a comprovação dos fatos alegados seja especialmente difícil, tal como ocorre em negócios celebrados em ambiente fechado (ou de acesso difícil), que foram presenciados apenas pelas partes ou, ainda, quando apenas um dos sujeitos participantes da relação de direito substancial possa testemunhar (por exemplo, por não ostentar a condição de parte processual, mas de simples funcionário, que detinha poderes para negociar extrajudicialmente por ela) e ao outro seja vedada tal oportunidade porque ele efetivamente detinha a condição de parte no processo.[53] Em tais hipóteses, sujeitar as partes "a arrolar testemunhas sem conhecimento directo, que apenas reproduzam o que teriam ouvido dizer ou que expressem a sua opinião, tem reduzido interesse e muito limitado valor processual".[54]

Sob uma perspectiva sistemática, antes do CPC de 2013 não havia regra que autorizasse expressamente à parte requerer sua própria oitiva, tampouco existia previsão legal que permitisse a livre valoração dos fatos favoráveis declarados pela parte. A eventual admissão de tais condutas exigia um esforço interpretativo, de modo a harmonizá-lo com o sistema vigente àquela época.

Com isso, agiu bem o legislador de 2013 ao positivar no art. 466 o cabimento e a forma de valoração das declarações favoráveis à própria parte declarante. Trata-se de verdadeira

53. SILVA e REIS, A prova..., p. 149-170.

54. Tribunal da Relação de Lisboa, processo 2022/07.1TBCSC-B.L1-2, relatora Ondina Carmo Alves, julgado em 10/04/2014.

novidade no ordenamento português[55], que tende a conferir segurança e previsibilidade às partes e ao julgador.

Essa conclusão é reforçada pela constatação de que a Ley de Enjuiciamiento Civil espanhola de 2000 abandonou a prova por confissão e passou a adotar meio de prova mais amplo, denominado de *interrogatorio de las partes*. Trata-se de declaração oral de conhecimento sobre fatos controvertidos prestada pela parte (ou por terceiro) no âmbito do processo, que pode ser provocada pelo adversário ou por litisconsorte com interesses contrapostos.[56] A doutrina que se formou a propósito do tema lança severas críticas pelo fato de a lei espanhola não autorizar que a parte requeira o seu próprio depoimento.[57]

Contudo, tal como no sistema português, o sistema espanhol determina que as declarações favoráveis ou desfavoráveis ao depoente sejam valoradas de acordo com a *sana crítica*,[58-59]

55. ALEXANDRE, Isabel. A fase da instrução e os novos meio de prova no Código de Processo Civil de 2013. *Caderno I – O Novo Processo Civil – Contributos da doutrina para a compreensão do Novo Código de Processo Civil* (2ª Edição) – e--book, p. 287. Não destoa a interpretação jurisprudencial: "O novo meio de prova por declarações de parte instituído no C.P.C. de 2013 veio responder a uma corrente que se vinha densificando no sentido de considerar e valorizar o depoimento de parte ainda que sem carácter confessório e de livre apreciação pelo tribunal, desde que este viesse a revelar um efeito útil para a descoberta da verdade" (Tribunal da Relação de Lisboa, processo 211/12.6TVLSB.L1-7, relatora Conceição Saavedra, julgado em 29/04/2014).

56. LLUCH, Xavier Abel. El interrogatorio de partes. In: LLUCH, Xavier Abel; JUNOY, Joan Picó I (diretores). *El interrogatorio de partes*. Barcelona: Bosch, 2007, p. 23.

57. CONDE, Fernando Jiménez. *El interrogatorio de las partes en el proceso civil*. Navarra: Editorial Arazandi, 2007, p. 70.

58. Segundo Ramón Arbós i Llobet e Carmen Ortiz Rodríguez, a livre valoração conforme as regras da sana crítica significam a aplicação de regras de lógica, de crítica racional e de experiência (LLOBET, Ramón Arbós i; RODRÍGUEZ,

que equivale à livre apreciação das provas do sistema português (art. 607, n. 5)[60] e ao livre convencimento motivado (ou persuasão racional) do sistema brasileiro (art. 371 do CPC/15)[61]. No entanto, há quem ressalve na doutrina espanhola que as declarações favoráveis ao interrogado não terão eficácia probatória legal privilegiada.[62] Terão força de prova legal os fatos pessoais desfavoráveis admitidos pelo depoente, bem como a admissão tácita decorrente do não comparecimento da parte, recusa em depor ou oferecimento de respostas evasivas ou inconcludentes (art. 307 da LEC).

2.5. Utilidade da tipificação no CPC de 2013

Questão que poderia ser invocada consiste na justificativa para a tipificação de um novo meio de prova – prova por declarações de parte – em um sistema em que já admitia a

Carmen Ortiz. Valoración del interrogatorio de parte. In: LLUCH, Xavier Abel; JUNOY, Joan Picó I (diretores). *El interrogatorio de partes.* Barcelona: Bosch, 2007, p. 314).

59. NOGUER, Nuria Fachal; FLOTATS, Rosa Font. La valoración del interrogatorio de las partes. In: LLUCH, Xavier Abel (diretor). *El interrogatorio de las partes en la Ley 1/2000, de Enjuiciamiento Civil.* Barcelona: Bosch, 2008, p. 163 e 168; CONDE, *El interrogatorio*..., p. 194; NAVARRO, José Bonet. *La prueba en el proceso civil.* Madri: Difusión, 2009, p. 244; LLUCH, El interrogatorio..., p. 69.

60. Dispõe o art. 607, n. 5, do CPC: "O juiz aprecia livremente as provas segundo a sua prudente convicção acerca de cada facto; a livre apreciação não abrange os factos para cuja prova a lei exija formalidade especial, nem aqueles que só possam ser provados por documentos ou que estejam plenamente provados, quer por documentos, quer por acordo ou confissão das partes".

61. Dispõe o art. 371 do CPC/15: "O juiz apreciará a prova constante dos autos, independentemente do sujeito que a tiver promovido, e indicará na decisão as razões da formação de seu convencimento".

62. GUASP, Jaime; ARAGONESES, Pedro. *Derecho procesal civil.* 7. ed. Madri: Civitas, 2005, v. 1, p. 412.

produção de provas atípicas. Dito de outro modo: se já era admissível a prova atípica no sistema português, qual seria então o motivo para se positivar um novo meio de prova?

A resposta a esse questionamento envolve o enfrentamento de duas perspectivas aparentemente colidentes.

Nos países de *civil law*, há uma tendência em se reconhecer a atipicidade das ações e das tutelas.[63] Isso significa que, salvo exceções, como regra a previsão de ações típicas em um ordenamento jurídico (como, por exemplo, as ações possessórias no Brasil e a ação de consignação em depósito em Portugal) não exclui o exercício daquela mesma pretensão por meio de uma ação de cognição ampla e exauriente. E isso não representa nenhuma incompatibilidade sistemática. A tipicidade de uma ação representa apenas o oferecimento pelo ordenamento de um meio (normalmente) expedito e especialmente concebido para a obtenção de determinado provimento judicial à luz de uma situação específica de direito material. Mas não impede que a parte opte por pleitear aquele mesmo direito por um mecanismo de espectro mais amplo, normalmente acompanhado do incremento de garantias.

Paralelamente a isso, mesmo nos sistemas em que se reconhece a atipicidade probatória, há uma tendência em se positivar práticas frequentes, desde que compatíveis com a lei e que tenham a potencialidade de atingir bons resultados ao processo e aos litigantes. Os meios de prova considerados atípicos – porque compatíveis com a lei, porém sem disciplina legal expressa – diante da frequência com

63. Sobre o tema, no Brasil, ver por todos: YARSHELL, Flávio Luiz. *Tutela jurisdicional.* 2. ed., São Paulo: 2006, p. 206.

que são utilizados e dos bons resultados que apresentam, são tradicionalmente incorporados pela lei. E isso nada tem de incongruente com o reconhecimento da atipicidade probatória.

A principal justificativa para essa tendência é de ordem cultural.

A tipificação de um novo meio de prova representa uma evolução do pensamento jurídico, que se traduz em uma percepção atualizada do fenômeno jurídico.

Primeiro, porque confere segurança e previsibilidade às partes e ao juiz, na medida em que haverá a precisa definição na lei acerca do cabimento, da forma de produção e da valoração do meio de prova. Haverá um ganho de segurança pelo procedimento.

Depois, porque conduz ao rompimento de velhas práticas consolidadas há décadas. No presente caso, a tipificação da prova por declarações de parte pode representar a superação da ideia de que o depoimento da parte somente seria admissível para se obter a confissão e que todas as demais informações prestadas pela parte deveriam ser desprezadas.

A positivação da prova por declarações de parte também elimina o risco de que tal meio de prova, caso produzido sob a forma de prova atípica, pudesse representar violação da regra que impede a parte de atuar como testemunha no processo.

Em última análise, portanto, a tipificação da prova por declarações de parte é compatível com a amplitude probatória assegurada pela Constituição, pois o contato direto da parte com o juiz está em consonância com a garantia de um processo equitativo.

2.6. Autonomia da prova por declarações de parte em relação ao depoimento de parte

O Capítulo III do CPC de 2013 é intitulado *Prova por confissão e por declarações de parte.* No âmbito da *prova por confissão* está disciplinado o depoimento de parte, com a definição de quem pode depor, o objeto do depoimento e o procedimento para a colheita da prova (arts. 452 a 465). À *prova por declarações de parte* é dedicado um único dispositivo: o art. 466 do CPC.

A investigação conjugada a propósito de ambos os meios de prova revela diferenças significativas entre eles. Tal análise é pertinente para afastar a aparente sobreposição entre o regime do depoimento de parte e das declarações de parte, de modo a afirmar a autonomia entre os dois meios de prova.

O depoimento de parte é um meio de prova tradicionalmente vocacionado à obtenção de confissão,[64-65] que ocorrerá

---

64. Esse é o entendimento tradicionalmente proclamado pela doutrina portuguesa: SERRA, Adriano Pais da Silva Vaz. Provas (direito probatório material). *Boletim do Ministério da Ivstiça*, n. 112, janeiro de 1962, p. 169; VALLES, Edgar. *Prática processual civil.* 11. ed. Coimbra: Almedina, 2019, p. 189; CAMARINHA, Leopoldo; RODRIGUES, Benjamim Silva. *Código de processo civil comentado.* Artigos 410º a 626º. Lisboa: Rei dos Livros, 2015, p. 115; MARQUES, A aquisição..., p. 138. No entanto, Rui Pinto parece dar um passo adiante acerca do tema, ao afirmar que os fatos favoráveis declarados pela parte deverão ser considerados pelo tribunal e concluir que "não se podia (e não se pode) fazer coincidir plenamente depoimento de parte com confissão" (PINTO, Rui. *Notas ao Código de Processo Civil.* 2. ed. Coimbra: Coimbra Editora, 2015, v. 1, p. 378).

65. A doutrina brasileira evoluiu significativamente em relação à amplitude da finalidade do depoimento pessoal (depoimento da parte). Tradicionalmente vislumbrou-se no depoimento pessoal um método para se provocar unicamente a confissão do adversário (SANTOS, Moacyr Amaral. *Prova judiciária no cível e comercial.* 5. ed., São Paulo: Saraiva, 1983, v. 2, p. 193; LOPES, João Batista. *A*

quando uma parte reconhecer a "realidade de um facto que lhe é desfavorável e favorece a parte contrária" (art. 352 do Código Civil).

Há uma série de motivos que se proporiam a justificar essa assertiva. Primeiro, porque o próprio regime do depoimento está inserto em parte do CPC dedicada à prova por confissão. Segundo, porque esse meio de prova somente pode ser requerido pela comparte ou pela contraparte, tal como induz o título do art. 453 do CPC ("de quem pode ser *exigido*"), o

---

prova no direito processual civil. São Paulo: Revista dos Tribunais, 1999, p. 92). Posteriormente, passou-se a admitir uma finalidade mais ampla do depoimento pessoal, consistente não apenas na obtenção de eventual confissão, mas também na clarificação ou esclarecimento dos fatos ao julgador (MIRANDA, Francisco Cavalcanti Pontes de. *Comentários ao código de processo civil*: tomo IV – arts. 282 a 443. 3. ed. Rio de Janeiro: Forense, 1997, p. 303; GRECO, Leonardo. *Instituições de processo civil.* Rio de Janeiro: Forense, 2010, v. 2, p. 191; DIDIER JR., Fredie; BRAGA, Paula Sarno; OLIVEIRA, Rafael Alexandria de. *Curso de direito processual civil.* 10. ed., Salvador: Juspodivm, 2015, v. 2, p. 149 e 151; AMENDOEIRA Jr., Sidnei. Depoimento pessoal e confissão no Novo CPC. In: JOBIM, Marco Félix; FERREIRA, William Santos (coords.). *Direito probatório*. Salvador: Juspodivm, 2015, p. 697-698; WAMBIER e TALAMINI, *Curso...*, v. 2, p. 276-277; THEODORO JÚNIOR, *Curso...*, vol. 1, p. 973). Cândido Rangel Dinamarco é enfático ao consignar que "São aproveitáveis para o julgamento não só os fatos que a parte afirmar contrariamente a seu próprio interesse (*confissão*) mas também as versões favoráveis que expuser ao juiz e que este, segundo seu livre convencimento, entenda dignas de fé (art. 371). É do passado o dogma de que o depoimento pessoal servisse única e exclusivamente como modo de extrair confissões" (DINAMARCO, *Instituições...*, v. 3, p. 725). No mesmo sentido, confira-se acórdão do extinto Tribunal de Alçada do Paraná, relatado por Ivan Righi (*RT* 601/209). Registre-se também a parcela da doutrina que reafirma a finalidade específica de obtenção da confissão por meio do depoimento da parte, ressalvando a admissibilidade de se valorar os fatos benéficos ao depoente (ARAGÃO, Egas Dirceu Moniz de. *Exegese o Código de Processo Civil*: arts. 329 a 399. Rio de Janeiro: Aide, s/d, vol. 4, tomo 1, p. 146; MARINONI e ARENHART, *Prova*, p. 402).

que é confirmado pelas regras dos n.ºs 1 e 3 do dispositivo[66]. Ainda, há regra específica acerca do depoimento do assistente ("interveniente acessório"), inclusive com a reafirmação de que se submete à livre apreciação do tribunal, considerando-se "as circunstâncias e a posição na causa de quem o presta e de quem o requereu".

No entanto, adere-se ao posicionamento doutrinário que identifica no depoimento de parte um espectro significativamente mais amplo: "o juiz pretende conhecer a realidade histórica. Por assim ser, não é correto dizer-se que o juiz determina a prestação de depoimento para obter a prova (confissão) do facto objeto do depoimento. Determina-a por entender ser um meio útil para obter o seu esclarecimento, podendo este ser atingido mesmo quando o depoente nega, convincentemente, o facto que lhe é desfavorável".[67] Disso decorre que o depoimento de parte pode convencer o julgador acerca de fato desfavorável ao depoente, mas sem que tal declaração por ele prestada se revista de caráter confessório.[68]

A prova por declarações de parte, em princípio, somente poderia ser requerida pelas próprias partes.[69] Ao menos é isso que se extrai da expressão "As partes podem requerer", contida no início do art. 466, n.º 1, do CPC (o tema será retomado

66. Dispõe o art. 453, n.ºs 1 e 3, do CPC: "1 – O depoimento de parte pode ser *exigido* de pessoas que tenham capacidade judiciária. (...) 3 – Cada uma das partes pode requerer não só o depoimento da *parte contrária*, mas também o dos seus *compartes*".

67. FARIA e LOUREIRO, *Primeiras...*, p. 383. No mesmo sentido: PINTO, Rui. *Código de Processo Civil Anotado*. Coimbra: Almedina, 2018, v. 1, p. 371.

68. VARELA, BEZERRA e NORA, *Manual...*, p. 539.

69. Adiante será examinada a possibilidade (ou não) de a prova por declarações de parte ser determinada oficiosamente pelo juiz.

adiante, com maior aprofundamento). Assim, se como regra o requerimento deve ser feito pela própria parte que prestará as declarações, não faria sentido supor que o objetivo de tal meio de prova consistiria em obter a confissão do declarante. Mas isso não significa que a parte não possa comparecer perante o julgador e formalizar a sua confissão – hipótese, inclusive, que é extraível da parte final do n.º 3, do art. 466 ("salvo se as mesmas constituírem confissão"). Contudo, nessa hipótese, a eficácia e a validade da confissão dependerão do atendimento de uma série de requisitos, tal como a capacidade para confessar e a formalização por escrito "na parte em que houver confissão" (art. 463).

O depoimento de parte terá por objeto "factos pessoais ou de que o depoente deva ter conhecimento" (art. 454, n.º 1 e art. 574, n.º 3), assim entendido "não só sobre o ato praticado *por ele ou com sua intervenção*, mas também o ato de terceiro *perante ele* praticado (incluindo a declaração escrita a ele endereçada), ou o mero facto ocorrido *na sua presença*, e ainda o *conhecimento* de facto ocorrido na sua ausência".[70]

A prova por declarações de parte, no entanto, assume espectro mais restrito: recairá sobre "factos em que tenham intervindo pessoalmente ou de que tenham conhecimento direto" (art. 466, n.º 1). Significa que o conteúdo das declarações deverá versar sobre "*factos em que a parte tenha intervindo pessoalmente*, que podem ser de qualquer natureza (negociações, intervenção num acidente, etc.); não se trata aqui de factos

70. FREITAS, *A ação...*, p. 119-120.

de que a parte *deva ter conhecimento*, mas de factos dos quais a parte tenha *directo conhecimento*".[71]

Logo, é apenas aparente a correspondência entre os objetos do depoimento de parte e das declarações de parte.[72] Daí se extrai uma característica marcante da prova por declarações de parte: possibilidade de a parte prestar, a seu próprio pedido, declarações sobre fatos que lhes sejam favoráveis, desde que restritas a fatos de que tenha conhecimento direto ou sobre os quais tenha intervindo pessoalmente.

De todo modo, em nenhuma dessas hipóteses parece possível exigir que a parte fale sobre fatos de que tenha notícia, tal como se admite no âmbito do processo civil espanhol (art. 301 da LEC)[73]. Naquele sistema, a parte poderá depor sobre quaisquer fatos de que tenha notícia, ainda que não se tratem de fatos pessoais, mas só se admitirá confissão sobre fatos em que a parte tenha intervindo pessoalmente.[74]

---

71. CHABY, Estrela. *O depoimento de parte em processo civil*. Coimbra: Coimbra Editora, 2014, p. 48. No mesmo sentido: PINTO, *Notas...*, v. 1, p. 379; FREITAS e ALEXANDRE, *Código...*, vol. 2, p. 308.

72. PINTO, *Notas...*, v. 1, p. 379. Lebre de Freitas, no entanto, vislumbra identidade entre os objetos do depoimento de parte e da prova por declarações de parte: "a prestação de declarações sobre factos em que *tenha* tido intervenção pessoal ou de que *tenha* conhecimento direto (art. 466-1), isto é, sobre *factos pessoais*, na aceção que a esta expressão é dada nos arts. 454-1 e 574-3" (FREITAS, *A ação...*, p. 321).

73. Dispõe o art. 301 da Ley de Enjuiciamiento Civil: "Cada parte podrá solicitar del tribunal el interrogatorio de las demás sobre hechos y circunstancias de los que tengan noticia y que guarden relación con el objeto del juicio. Un colitigante podrá solicitar el interrogatorio de otro colitigante siempre y cuando exista en el proceso oposición o conflicto de intereses entre ambos".

74. NOGUER e FLOTATS, La valoración..., p. 163; LLUCH, Xavier Abel. *Derecho probatório*. Barcelona: J.M. Bosch Editor, 2012, p. 539. Fernando Conde adverte que o litigante, obviamente, somente poderá declarar sobre

O momento para a proposição do depoimento de parte também é diverso do previsto para a prova por declarações de parte.

Como regra, a proposição dos meios de prova (constituendas e pré-constituídas) deve ser realizada com os articulados (petição inicial e contestação), tal como determina o art. 423, n.º 1[75], o art. 552, n.º 2[76] e o art. 572, *d*,[77] todos do CPC. O CPC disciplina tímidos casos em que é autorizada a mitigação da exigência de proposição dos meios de prova com os

fatos ou circunstâncias que realmente conheça, seja por tê-los presenciado seja porque esteja ciente em relação a eles (CONDE, *El interrogatorio*..., p. 114 e 170). Na mesma linha, mas ainda sob a perspectiva da lei anterior, confira-se: NAVARRO, Angel Bonet y. *La prueba de confesion en juicio*. Barcelona: Libreria Bosch, 1979, p. 96.

75. Dispõe o art. 423, n.º 1, do CPC: "Os documentos destinados a fazer prova dos fundamentos da ação ou da defesa devem ser apresentados com o articulado em que se aleguem os factos correspondentes."

76. Com relação aos requisitos da petição inicial, dispõe o art. 552, n.º 2, do CPC: "No final da petição, o autor deve apresentar o rol de testemunhas e requerer outros meios de prova; caso o réu conteste, o autor é admitido a alterar o requerimento probatório inicialmente apresentado, podendo fazê-lo na réplica, caso haja lugar a esta, ou no prazo de 10 dias a contar da notificação da contestação".

77. O réu na contestação deve "Apresentar o rol de testemunhas e requerer outros meios de prova; tendo havido reconvenção, caso o autor replique, o réu é admitido a alterar o requerimento probatório inicialmente apresentado, no prazo de 10 dias a contar da notificação da réplica" (art. 572, *d*, do CPC).

articulados.[78-79]. É nesse contexto que se insere o depoimento de parte.

Contudo, o *caput* do art. 466 define outro momento para as partes requererem a prestação da declaração: "até ao início das alegações orais em 1.ª instância", ou seja, até o momento imediatamente anterior ao que as partes dispõem para expor as conclusões de fato e de direito que extraíram da prova produzida (arts. 295 e 604, n.º 3, *e*, do CPC). Com isso, o legislador excepcionou a regra geral e admitiu que a prova por declarações de parte seja requerida posteriormente às demais provas.

---

78. José Lebre de Freitas lembra que "A proposta da comissão era que a apresentação tardia de documentos pudesse ter lugar até o início da produção de prova na audiência final. A proposta de lei foi mais exigente. Só são admissíveis, depois daquele momento preclusivo, os documentos cuja apresentação não tenha sido possível até esse momento, aqueles cuja apresentação se tenha tornado necessária em virtude de ocorrência posterior ou julgamento proferido na 1ª instância (arts. 423º, 3, 425º e 651º, 1) e os documentos supervenientes (arts. 662º, 1 e 680º, 1)" (FREITAS, José Lebre de. Sobre o novo Código de Processo Civil (uma visão de fora). *Separata da Revista da Ordem dos Advogados*, ano 73, I, Lisboa, jan./mar. 2013, p. 43).

79. Dispõe o art. 423, n.º 2 e 3: "2 – Se não forem juntos com o articulado respetivo, os documentos podem ser apresentados até 20 dias antes da data em que se realize a audiência final, mas a parte é condenada em multa, exceto se provar que os não pôde oferecer com o articulado. 3 – Após o limite temporal previsto no número anterior, só são admitidos os documentos cuja apresentação não tenha sido possível até àquele momento, bem como aqueles cuja apresentação se tenha tornado necessária em virtude de ocorrência posterior". Ainda, existe previsão expressa acerca da juntada de documentos supervenientes (arts. 662, n.º 1 e 680, n.º 1, do CPC). O rol de testemunhas, por sua vez, pode ser aditado ou alterado até vinte dias antes da audiência final. Nesse caso, a parte contrária deverá ser notificada para se valer de igual oportunidade, no prazo de cinco dias, se assim desejar (art. 598, n.º 2, do CPC).

Nada impede que ela seja pleiteada juntamente com as demais provas, nos articulados. A parte contrária naturalmente será intimada para se manifestar a respeito desta prova, em observância ao princípio do contraditório. Tal como os demais meios de prova, nesse caso a prova por declarações de parte deverá constar do despacho de programação, que se destinará a organizar as atividades que serão realizadas na audiência final, "a estabelecer o número de sessões e a sua provável duração e a designar as respetivas datas" (CPC, art. 591, *g*; art. 593, *d*; art. 597).[80-81] Caso a parte tenha requerido no articulado inicial a produção da prova por declarações de parte, com a indicação dos fatos sobre os quais incidirão a prova, há entendimento jurisprudencial no sentido de que "não preclude o direito de ampliar o âmbito factual de tais declarações, até ao início das alegações orais em 1.ª instância, sobre factos em que tenha intervindo pessoalmente ou de que tenha conhecimento directo,

80. Dispõe o art. 591, *g*, do CPC: "1 – Concluídas as diligências resultantes do preceituado no n.º 2 do artigo anterior, se a elas houver lugar, é convocada audiência prévia, a realizar num dos 30 dias subsequentes, destinada a algum ou alguns dos fins seguintes: (...) g) Programar, após audição dos mandatários, os atos a realizar na audiência final, estabelecer o número de sessões e a sua provável duração e designar as respetivas datas".

81. No entanto, Rui Pinto ressalva que não é necessário que as declarações sejam prestadas apenas na audiência final. Na sua visão, o art. 456, que trata do momento e lugar do depoimento de parte, aliado à natureza espontânea e voluntária da declaração de parte e ao princípio da cooperação, permitem concluir que a declaração pode ser prestada tanto na audiência prévia quanto na audiência final. Esclarece também que a declaração poderá ser tomada por teleconferência (art. 502), caso a parte resida fora da comarca ou da respectiva ilha (no caso das regiões autônomas). (PINTO, Rui. *Código de Processo Civil Anotado*. Coimbra: Almedina, 2018, v. 1, p. 677).

independentemente, do momento temporal da intervenção ou do conhecimento".[82]

Não há no art. 466 do CPC uma exigência expressa de que a parte prestará suas declarações mediante prévio juramento. Contudo, o n.º 2 do art. 466 determinou a aplicação do "estabelecido na secção anterior" (depoimento de parte) às declarações de parte, "com as necessárias adaptações". O tema será retomado adiante, com maior aprofundamento. Mas por enquanto é suficiente reparar que a expressa remissão à disciplina do depoimento de parte permite concluir que tanto o depoimento de parte quanto a prova por declarações de parte serão precedidas de juramento.[83] Afinal, trata-se de duas espécies de prova oral, em que se deverá falar a verdade, além de não haver nenhuma relação de hierarquia ou subordinação entre elas. Logo, não faria sentido vislumbrar uma incompatibilidade em relação à prestação do juramento como ato prévio à qualquer um dos depoimentos. Nesse caso, o julgador transmitirá à parte "a importância moral do juramento que vai prestar e o dever de ser fiel à verdade, advertindo-o ainda das sanções aplicáveis às falsas declarações" (art. 459, n.º 1).[84]

---

82. Tribunal da Relação do Porto, processo 3675/20.0T8VNG.P1, relator Domingos Morais, julgado em 15/12/2021.

83. CAMARINHA e RODRIGUES, *Código*..., p. 138. Michele Taruffo, de forma percuciente, ressalta que "é bastante duvidoso que, em uma sociedade laica, a ameaça da cólera divina seja eficaz no sentido de induzir quem jura em favor próprio a dizer a verdade" (TARUFFO, Michele. *Uma simples verdade*: o juiz e a construção dos fatos. Trad. Vitor de Paula Ramos. São Paulo: Macial Pons, 2016, p. 192).

84. Dispõe o art. 459, n.º 2: "Em seguida, o tribunal exige que o depoente preste o seguinte juramento: «Juro pela minha honra que hei de dizer toda a verdade e só a verdade»."

Considerando se tratar de meios de prova distintos, nada impede que ambas as provas sejam deferidas pelo julgador.[85] É o que ocorrerá, por exemplo, quando a parte "A" requerer o depoimento pessoal da parte "B" nos articulados e a parte "B" pedir, em fase mais adiantada do processo (porém, antes das alegações orais em 1ª instância), que seja deferido o seu comparecimento para prestar declarações. A depender do momento em que forem deferidas, ambas as provas serão produzidas na audiência final. Nesse caso, entende-se que a parte será ouvida uma só vez, após ter prestado apenas um juramento.[86]

A autonomia entre o depoimento de parte e a prova por declarações de parte foi expressamente reconhecida pela jurisprudência, que identificou boa parte das características acima descritas, considerando-as relevantes traços distintivos que particularizam cada um dos meios de prova.[87]

85. MENDES e SOUSA, *Manual...*, v. 1, p. 551.

86. FREITAS, José Lebre de; ALEXANDRE, Isabel. *Código de Processo Civil Anotado*: artigos 362º a 626º. 3. ed. Coimbra: Almedina, 2018, v. 2, p. 309; CAMARINHA e RODRIGUES, *Código...*, p. 138. Em estudo pretérito (ano de 2013), Isabel Alexandre admitia o cabimento de ambos os meios de prova no mesmo processo, mas ressalvava a impossibilidade de a parte prestar um único depoimento em audiência e a necessidade de prestar juramento duas vezes: "uma vez na qualidade de depoente e outra na qualidade de declarante" (ALEXANDRE, A fase..., p. 288-289).

87. "Trata-se de uma disposição inovadora que, como se assinalou no despacho recorrido, visa um tipo de prova diverso do previsto na Secção anterior que alude à prova por confissão e ao depoimento de parte (arts. 452 a 465 do C.P.C. de 2013, Código a que, doravante, faremos sempre referência, salvo menção em contrário). As declarações de parte serão livremente apreciadas pelo tribunal na parte em que não constituam confissão (art. 466, nº 3), e revelam especial utilidade para a decisão quando versem sobre factos que ocorreram entre as partes, sem a presença de terceiros intervenientes. (...) O depoimento de parte continua, por sua vez, a constituir o meio técnico através do qual se pretende conseguir que o depoente reconheça a realidade de um facto que lhe é desfa-

3. QUEM PODE REQUERER A PRODUÇÃO DA PROVA POR DECLARAÇÕES DE PARTE

A precisa identificação dos sujeitos autorizados a requerer a produção da prova por declarações de parte tem relevância fundamental no presente trabalho. Sob uma perspectiva mais ampla, permite estabelecer uma nota distintiva em relação aos demais meios de prova previstos no CPC português e afirmar a sua autonomia como um meio de prova inconfundível com os demais previstos na lei. A análise de quem pode legitimamente provocar a produção de tal prova exigirá uma interpretação sistemática do regramento inerente ao depoimento de parte,

---

vorável, de acordo com o disposto nos arts. 352 e seguintes do C.C. e 452 e seguintes do C.P.C.. De resto, como bem resulta do título da Secção onde se inserem os normativos citados do Código do Processo Civil, o depoimento de parte visa a prova por confissão. O novo meio de prova por declarações de parte instituído no C.P.C. de 2013 veio responder a uma corrente que se vinha densificando no sentido de considerar e valorizar o depoimento de parte ainda que sem carácter confessório e de livre apreciação pelo tribunal, desde que este viesse a revelar um efeito útil para a descoberta da verdade." (Tribunal da Relação de Lisboa, processo 211/12.6TVLSB.L1-7, relatora Conceição Saavedra, julgado em 29/04/2014).

bem como uma breve incursão sobre a temática dos poderes de instrução do juiz.

3.1. Requerimento pela própria parte: regra geral

Extrai-se do art. 466, n.º 1, do CPC, que "as partes podem requerer" a produção da prova por declarações de parte.

As partes no processo são identificadas como o autor e o réu. O critério para a verificação das partes é estritamente processual (formal): é o sujeito que propõe a ação (formulando um pedido) e aquele contra quem ela é proposta (sujeito que tem um pedido formulado contra ele).[1] Repare-se que a interação dos sujeitos com a relação de direito material é prescindível para a identificação das partes processuais.

Como regra, a relação das partes com o direito substancial discutido no processo é relevante para a aferição da legitimidade.[2] Porém, há casos em que a relação material respeita a diversas pessoas, o que *permite* que a ação seja proposta por mais de um sujeito ou contra todos os interessados. Será então

---

1. SOUSA, Miguel Teixeira de. *Sobre a teoria do processo declarativo.* Coimbra: Coimbra Editora, 1980, p. 127; VARELA, BEZERRA e NORA, *Manual...*, p. 107; MANDRIOLI, Crisanto. *Corso di Diritto Processuale Civile. I – Nozioni Introduttive e Disposizioni Generali.* 9. ed. Torino: G Giappichelli Editore, 2011, p. 188; DINAMARCO e LOPES, *Teoria...*, p. 154; JAUERNIG, Othmar. *Direito processual civil.* 25. ed., totalmente refundida, da obra criada por Friedrich Lent, traduzida por F. Silveira Ramos. Coimbra: Almedina, 2002, p. 98.
2. SOUSA, Miguel Teixeira de. Sobre a qualidade de parte processual. In: CORDEIRO, António Menezes; LEITÃO, Luís Menezes; GOMES, Januário da Costa. *Estudos em homenagem ao Prof. Doutor Inocêncio Galvão Telles.* vol. 1, Coimbra: Almedina, 2002, p. 828. Sobre o tema, mais amplamente, confira-se: SOUSA, Miguel Teixeira de. Reflexões sobre a legitimidade das partes em processo civil. *Cadernos de direito privado*, n. 1, p. 3-13, jan./mar. 2003.

caso de litisconsórcio facultativo (art. 32). Existem hipóteses, no entanto, em que a lei ou o negócio *exige* a intervenção dos vários interessados na relação controvertida, configurando caso de litisconsórcio necessário (art. 33 do CPC).

Seja como for, não há dúvida de que o autor e o réu, isoladamente ou em conjunto com outros sujeitos no mesmo polo processual, poderão requerer a produção da prova por declarações de parte.

Ao contrário do que ocorre com o depoimento de parte, o caráter pessoal e voluntário da prova por declarações de parte determina que elas sejam, como regra, prestadas pela parte, o que exclui a possibilidade de que as declarações sejam prestadas por mandatário[3].

Na Espanha, a Ley de Enjuiciamiento Civil de 2000 eliminou a figura da "prova por confissão" e a substituiu por meio de prova com espectro mais amplo: *el interrogatorio de las partes*, disciplinado nos arts. 301 a 316 da LEC. Muito embora se reconheça que o interrogatório tem função probatória mais ampla do que a simples tentativa de confissão, não se admite que a parte requeira a sua própria oitiva.[4]

---

3. PEDRA, Catarina Gomes. *A prova por declarações das partes no novo Código de Processo Civil: em busca da* verdade material *no processo*. Dissertação de mestrado da Escola de Direito da Universidade do Minho, 2014, p. 129; SOUSA, Luís Filipe Pires de. As declarações de parte. Uma síntese. *Data venia (revista jurídica digital)*. Ano 5, n.º 7, p. 11, set. 2017; FREITAS, José Lebre de. *A confissão no direito probatório*. 2. ed. Coimbra: Coimbra editora, 2013, n. 5.6.7, p. 93-94.
4. Esse é o entendimento de Xavier Abel Lluch, amparado na jurisprudência (LLUCH, Xavier Abel. *Derecho probatório*. Barcelona: J.M. Bosch Editor, 2012, p. 541). No mesmo sentido: CONDE, *El interrogatorio...*, p. 70; LLUCH, El interrogatório..., p. 29; SENDRA, Vicente Gimeno. *Derecho procesal civil*: el proceso de declaración (parte general). Madri: Castillo de Luna, 2016, p. 545.

Mais complexa é a posição das chamadas *partes acessórias*, assim considerados aqueles sujeitos que "têm um interesse dependente do de uma das partes principais e que por isso intervêm na causa para auxiliar essa parte".[5]

É o que se passa, por exemplo, com a figura do assistente, cuja intervenção acessória confere-lhe a função de coadjuvante, que é confirmada pelo fato de que ele intervém espontaneamente no processo para auxiliar a uma das partes, por ostentar "interesse jurídico em que a decisão do pleito seja favorável a essa parte" (art. 326, n.º 1). Disso decorre a impossibilidade de os assistentes praticarem atos contrários à posição do assistido. De resto, os assistentes possuem os "mesmos direitos e estão sujeitos aos mesmos deveres que a parte assistida" (art. 328, n.º 2). Prova disso é a permissão para que seja requerido "o depoimento do assistente como parte" (art. 328, n.º 3).[6] Nesse caso, portanto, a admissão da intervenção pelo julgador atribuirá ao terceiro o *status* de parte acessória, com todos os direitos, deveres, poderes e limitações previstos pela lei.

Essa constatação permite concluir que a parte acessória terá direito de prestar as suas declarações, desde que, obviamente, se restrinjam a "factos em que tenham intervindo pessoalmente ou de que tenham conhecimento direto" (art. 466, n.º 1).[7]

---

5. FREITAS, *Introdução...*, p. 77.
6. Há casos em que o Ministério Público intervirá como parte acessória, "exercendo os poderes que a lei processual confere à parte acessória e promovendo o que tiver por conveniente à defesa dos interesses da parte assistida" (art. 325, n.º 2, do CPC).
7. "Portanto, a acessoriedade da parte não é incompatível com a prestação de declarações, sejam provocadas sejam espontâneas" (PINTO, *Notas...*, v. 1, p. 379). No mesmo sentido: MENDES e SOUSA, *Manual...*, v. 1, p. 549.

Já na intervenção principal, o terceiro integra-se ao processo como autor ou réu, o que poderá ocorrer de forma espontânea ou provocada (*e. g.*, arts. 311, 316, n.ºs 2 e 3, 266, n.º 4...). Portanto, após a intervenção, o sujeito deixará a condição de terceiro e assumirá a condição de parte principal – o que lhe assegurará o exercício dos mesmos direitos das partes originárias, inclusive o requerimento dos meios de prova que considere adequados.

A questão ganha contornos específicos nas hipóteses de representação e de substituição processual.

A *representação* é caracterizada pela hipótese em que alguém (representante) atua no processo em nome do representado. Disso decorre que o representante não é parte. A qualidade de parte processual recai sobre o representado.[8]

É o que ocorre, por exemplo, quando o menor é o titular do direito material (direito aos alimentos), mas precisa que a sua incapacidade judiciária seja suprida pela representação de sua mãe. Ela então atuará no processo como representante do menor incapaz. Contudo, isso não retira do menor a condição de parte, tampouco confere tal qualidade à mãe (que, como dito, funcionará como mera representante).

Nesse ponto, a prova por declarações de parte, por força do art. 466, n.º 2, do CPC, seguirá a disciplina do depoimento de parte, em que se admite o requerimento do depoimento do representante (art. 453 do CPC). Logo, apesar de o representante não ser o titular do direito material discutido no processo, deve-se reconhecer ao representante do incapaz o direito de produzir a prova por declarações de parte, com a

8. FREITAS, *Introdução...*, p. 78; DINAMARCO e LOPES, *Teoria...*, p. 155.

ressalva de que só poderá confessar "nos limites do poder que tenham e contrair obrigações".[9]

Na *substituição processual*, no entanto, o fenômeno é distinto: a lei admite que um sujeito (o substituto) postule, em nome próprio, o direito pertencente a outra pessoa (substituído). A parte, nesse caso, será o substituto, muito embora recaia sobre o substituído a titularidade do direito material discutido no processo.[10] Exemplo disso é a autorização legal na ação do promissário contra o promitente com base no contrato a favor de terceiro.[11] Nada impede que o substituto processual produza a prova por declarações de parte, desde que seja observada a regra de que a sua confissão não é eficaz contra o substituído (art. 353, n.º 3, do Código Civil português).

Tal como as pessoas singulares, as *pessoas coletivas* e as *sociedades* também detêm personalidade judiciária (art. 11, n.º 1, do CPC), razão pela qual estão aptas a assumir a condição de parte no processo. Contudo, elas são processualmente "representadas por quem a lei, os estatutos ou o pacto social

---

9. FREITAS e ALEXANDRE, *Código...*, v. 2, p. 288. Dispõe o art. 353, n.º 1, do Código Civil português: "A confissão só é eficaz quando feita por pessoa com capacidade e poder para dispor do direito a que o facto confessado se refira".
10. SOUSA, *Sobre...*, p. 133.
11. O art. 444 do Código Civil português dispõe sobre os *direitos do terceiro e do promissário*, nos seguintes termos: "1 – O terceiro a favor de quem for convencionada a promessa adquire direito à prestação, independentemente de aceitação. 2 – O promissário tem igualmente o direito de exigir do promitente o cumprimento da promessa, a não ser que outra tenha sido a vontade dos contraentes. 3 – Quando se trate da promessa de exonerar o promissário de uma dívida para com terceiro, só àquele é lícito exigir o cumprimento da promessa".

designarem" (art. 25, n.º 1, do CPC)[12]. Nesse caso e para esse fim, o representante se confundirá com a figura da pessoa coletiva ou da sociedade.

Essa conclusão assume repercussões relevantes no processo. Basta lembrar do caso Dombo, examinado em tópico antecedente, em que um sujeito foi impedido pelas cortes locais holandesas de testemunhar no processo porque ele teria atuado na relação de direito material na condição de representante da companhia, o que lhe identificaria com a própria parte. Aí reside mais uma relevância prática decorrente da regra do art. 466 do CPC, que reconhece o direito de a própria parte requerer o seu comparecimento perante o julgador para prestar suas declarações. Nesse caso, o representante da pessoa coletiva ou da sociedade é que pleiteará a produção da prova por declarações de parte.

Ainda, reconhece-se a personalidade judiciária – e, consequentemente, a suscetibilidade para ser parte – a quem não tem personalidade jurídica. É o caso da herança jacente e do condomínio (art. 12 do CPC). Também nesta hipótese, em que a parte não possui personalidade judiciária, estará autorizada a prestação de declarações.

No sistema holandês há regra expressa que autoriza a parte a funcionar como testemunha em seu próprio processo.[13]

Ao contrário do que ocorre no art. 466 do CPC português, o Código de Processo Civil brasileiro não contém autorização para que a parte requeira a sua própria oitiva perante o juiz.

---

12. Dispõe o art. 996, n.º 1, do Código Civil português: "A sociedade é representada em juízo e fora dele pelos seus administradores, nos termos do contrato ou de harmonia com as regras fixadas no artigo 985º".

13. Art. 164 do CPC holandês.

O art. 385 do CPC/15, que disciplina o depoimento pessoal no CPC brasileiro, dispõe que "Cabe à parte requerer o depoimento pessoal da outra parte". A partir desta expressão, que já constava do art. 343 do CPC/73, passou-se a afirmar que no depoimento pessoal somente seria admissível requerer o comparecimento da parte contrária (integrante do polo processual oposto) e com o objetivo de se obter a confissão.[14] Para essa parcela da doutrina, nem o autor nem o réu "tem o poder de provocar seu próprio depoimento pessoal".[15]

Seguindo tendência estabelecida em outros ordenamentos[16], a doutrina brasileira avançou na compreensão sobre a relevância da oitiva das partes no processo, tendo evoluído para se permitir que elas requeressem o depoimento de seu adversário (que figurava no polo oposto da relação processual) e de seu litisconsorte.[17]

Mais recentemente, além de se pleitear o depoimento da parte contrária e de seu litisconsorte, alguns passaram a afirmar que, a partir de uma interpretação sistemática do CPC/15, a parte também poderia requerer a sua própria oitiva com o

---

14. SILVA, Ovídio A. Baptista da. *Curso de processo civil.* 6. Ed. São Paulo: Revista dos Tribunais, 2002, v. 1, p. 360.
15. DINAMARCO, Cândido Rangel. *Instituições de direito processual civil.* 8. ed. São Paulo: Malheiros, 2016, v. 3, p. 729.
16. No sistema espanhol, por exemplo, admite-se que a parte pleiteie o interrogatório de seu litisconsorte, desde que haja entre eles oposição ou conflito de interesses (art. 301, I, da LEC). Sobre a problemática envolvida na intepretação dos respectivos requisitos ("*oposición o conflicto de intereses*"), ver por todos: CARBONELL, Anna Queral; CROS, Bibiana Segura; GARCÍA, Marta Del Valle. Sujetos y capacidade. In: LLUCH, Xavier Abel; JUNOY, Joan Picó I (diretores). *El interrogatorio de partes.* Barcelona: Bosch, 2007, p. 104-106.
17. MARINONI, Luiz Guilherme; ARENHART, Sergio Cruz. *Prova.* 2. ed. São Paulo: Revista dos Tribunais, 2011, p. 403; AMENDOEIRA Jr., Depoimento..., p. 700.

objetivo de transmitir ao juiz diretamente a sua versão sobre os fatos relevantes para a causa.[18] Rigorosamente, o CPC/15 não autoriza expressamente que a parte requeira o seu próprio depoimento, o que também poderia ser admitido no processo como uma prova atípica.[19]

18. Luiz Rodrigues Wambier e Eduardo Talamini defendem essa posição, invocando em seu favor (*i*) o direito à prova, (*ii*) o princípio do livre convencimento motivado, (*iii*) a possibilidade de se atribuir valor probatório às informações não confessórias prestadas pela parte no depoimento pessoal e (*iv*) a possibilidade de a parte, por não ser admitida como testemunha, ainda assim ser ouvida, independentemente de compromisso, hipótese em que deverá "o juiz atribuir a seu depoimento o valor que possa merecer, motivadamente" (WAMBIER e TALAMINI, *Curso*..., v. 2, p. 276). Tiago Bitencourt de David afirma que a parte tem o direito de requerer o seu próprio depoimento em juízo, sob o fundamento de que a "*fala* e a *audição atenta* são o modo de ser do modelo processual democrático cooperativo" (DAVID, Tiago Bitencourt de. O depoimento pessoal a requerimento da própria parte como meio de prova no direito processual civil. *Revista jurídica*, n. 435, jan./2014, p. 14).

19. Cassio Scarpinella Bueno admite a possibilidade de que "a *própria* parte dirija-se a juízo para narrar ou esclarecer o que ocorreu ou deixou de ocorrer. A despeito da ausência de sua previsão no CPC de 2015, sua admissão é inegável no *sistema processual civil*, como verdadeira prova *atípica*, devendo a manifestação da parte, que toma iniciativa de ir a juízo, ser avaliada pelo magistrado ao lado das demais provas produzidas. Importa, nestes casos, também vedar a confissão, a exemplo da ressalva feita pelo inciso VIII do art. 139" (BUENO, Cassio Scarpinella. *Manual de direito processual civil*. São Paulo: Saraiva, 2015, p. 320). Pede-se licença para respeitosamente discordar da ressalva final. Não parece possível estender ao depoimento requerido pela própria parte a título de prova atípica a exclusão da pena de confesso prevista para o caso em que o comparecimento das partes é determinado pelo juiz (art. 139, VIII, do CPC/15). Afinal, naquele caso, a produção da prova é requerida pela parte, que assume o risco do seu resultado desfavorável, inclusive de aperfeiçoamento da confissão (art. 371 do CPC/15). No sistema brasileiro, a eficácia da prova atípica será equivalente a de qualquer meio de prova. Já na determinação do comparecimento da parte, nos termos do art. 139, VIII, do CPC/15, não incide confissão porque se trata da figura do interrogatório (manifestação do princípio da colaboração), em que a parte será inquirida com um objetivo de clarificar os fatos da causa ao julgador – sem finalidade probatória.

Além disso, admite-se que as partes celebrem negócio jurídico processual para convencionar a admissibilidade da prova por declarações de parte no processo, tal como autoriza o art. 190 do CPC/15.

3.2. Direito potestativo da parte: críticas

Não há consenso na doutrina acerca da natureza do direito relativo à prova por declarações de parte.

Após breve digressão acerca da admissibilidade da inquirição de qualquer das partes e da livre apreciação das declarações não confessórias à luz do Código anterior, António Santos Abrantes Geraldes, Paulo Pimenta e Luís Filipe Pires de Sousa interpretam da seguinte forma a regra prevista no atual art. 466 do CPC: "Ao invés de um mero poder/dever do tribunal, regula-se aqui um verdadeiro direito potestativo de natureza processual conferido a qualquer das partes, permitindo-lhes oferecer-se para prestar declarações".[20]

Registre-se a existência de acórdão proferido pelo Tribunal da Relação de Lisboa, que aparentemente aderiu ao posicionamento dos autores acima (com expressa referência a Luís Filipe Pires de Sousa). Decidiu-se ser vedado ao juiz rejeitar o pedido da parte para prestar suas declarações, por "entender que é desnecessário face à prova já produzida em julgamento". E concluiu que tal rejeição apenas seria possível "em situações de inadmissibilidade legal, designadamente quando os factos indicados no requerimento já estejam plenamente provados

---

20. GERALDES, PIMENTA e SOUSA, *Código...*, v. 1, p. 529.

por documento ou por outro meio de prova com força probatória plena".[21]

Ou seja, para os adeptos desse posicionamento, o art. 466 do CPC teria conferido à parte um poder de ser ouvida perante o juiz – o que independeria da vontade do adversário ou da aquiescência do julgador. A análise a ser realizada pelo julgador ficaria circunscrita ao exame de legalidade da prova.

Contudo, essa não parece ser a interpretação mais adequada da regra.

A prova por declarações de parte foi inserida no sistema processual como um meio de prova autônomo. Nessa condição, não parece haver dúvida de que se submete às diretrizes da teoria geral da prova.

Disso decorre que a parte tem sim o direito de requerer a produção da prova por declarações, hipótese em que deverá demonstrar o preenchimento dos respectivos pressupostos de admissibilidade.

O julgador, por sua vez, deverá realizar o exame de admissibilidade de tal prova, que envolverá a análise não apenas

---

21. Tribunal da Relação de Lisboa, processo 1193/13.2TVLSB-A.L1-6, relator Nuno Sampaio, julgado em 08/02/2018. No mesmo sentido: Tribunal da Relação de Coimbra, processo 1817/08.3TBPBL.C1, relator Isaías Pádua, julgado em 05/06/2018. No entanto, confira-se uma decisão pretérita do mesmo TRL, que parece ter adotado solução um pouco mais flexível em relação à admissibilidade da prova por declarações de parte: "Não é admissível prova testemunhal e a prova por declaração de partes para provar deliberações tomadas em assembleia de condóminos, as quais deverão provar-se mediante a respectiva acta; mas poderá ser produzida prova testemunhal ou por declarações de partes à simples interpretação do contexto do documento" (Tribunal da Relação de Lisboa, processo 907/12.2 TVLSB-A.L1-6, relatora Teresa Pardal, julgado em 29/01/2015).

da legalidade da prova, mas também de aspectos relacionados a pertinência (incidir sobre alegações fáticas ainda pendentes de prova), cabimento (versar sobre fatos em que tenham intervindo pessoalmente ou de que tenham conhecimento direto) e tempestividade (requerimento apresentado até o início das alegações orais em primeira instância)[22]. Caso exista algum óbice que justifique o indeferimento da produção da prova, o juiz tem o poder/dever de indeferi-la.[23]

Preenchidos os requisitos legais, a prova será deferida e aí sim a parte terá o direito de produzi-la. Somente então será valorada pelo julgador e, ao final, será concedida a oportunidade para as partes falarem sobre os seus resultados.

Corretas essas premissas, não se vislumbra nenhuma relação hierárquica entre a prova por declarações de parte e qualquer outro meio de prova. Todos integram a categoria ampla de meio de prova. Nessa condição, deverão ser requeridos

---

22. RODRIGUES, Maria Gabriela A. L. da Cunha. Poderes de iniciativa do juiz em processo civil e ónus da prova. *Revista do Centro de Estudos Judiciários – CEJ*, Lisboa, n. 1, 1º semestre de 2016, p. 34.
23. Tribunal da Relação de Lisboa, processo 2022/07.1TBCSC-B.L1-2, relatora Ondina Carmo Alves, julgado em 10/04/2014. Contudo, de forma bastante prudente, o Tribunal da Relação de Lisboa reputou que "A menos que seja evidente a redundância em sentido favorável à parte requerente, é temerário justificar a recusa de um meio de prova com o facto de o Tribunal já estar convencido de uma certa versão dos factos" (Tribunal da Relação de Lisboa, processo 211/12.6TVLSB.L1-7, relatora Maria da Conceição Saavedra, julgado em 29/04/2014). Em decisão mais recente, reafirmou-se tal entendimento: "a validade das declarações de parte não pode ser desconsiderada antecipadamente sob o pretexto da sua pressuposta ou previsível desnecessidade ou desinteresse, seja porque o juiz valoriza, em particular e à partida, outros meios de prova, seja porque formou já a sua convicção face à prova produzida" (Tribunal da Relação de Lisboa, processo 117793/18.5YIPRT-A.L1-7, relatora Maria da Conceição Saavedra, julgado em 26/04/2022).

tempestivamente, mediante justificativa de sua pertinência e utilidade no caso concreto. Isso afasta a ideia de que tal prova se caracterizaria como verdadeiro direito potestativo da parte. Trata-se de um meio de prova constituendo, integrante da categoria das provas orais e que se submeterá às diretrizes da teoria geral da prova, tal como qualquer outro meio de prova.

3.3. Requerimento pela contraparte ou comparte?

Já se estabeleceu nos tópicos anteriores que a regra geral contida no art. 466 do CPC atribui à parte (autor e réu) o direito de requerer que ela própria preste suas declarações perante o juiz. Afirmou-se também que não se trata de um direito potestativo da parte; o requerimento se submete a prévio exame de admissibilidade, a ser realizado pelo julgador.

O objetivo deste subtópico será examinar a eventual possibilidade de se estender a aplicação da regra do art. 466 do CPC, de modo que a parte também pudesse requerer o comparecimento de seu adversário para prestar declarações em juízo. Contudo, a análise de tal possibilidade exige um exercício interpretativo a propósito do procedimento que o legislador pretendeu conferir à prova por declarações de parte.

O art. 466 tentou definir um procedimento para a produção da prova por declarações de parte. Consignou que "Às declarações das partes aplica-se o disposto no artigo 417.º e ainda, com as necessárias adaptações, o estabelecido na secção anterior." O art. 417 trata da repercussão do princípio da cooperação sobre a fase probatória – tema que será examinado adiante. Neste momento cumpre investigar o sentido da segunda parte do dispositivo: "com as necessárias adaptações, o estabelecido na secção anterior."

A prova por declaração de parte está inserida no Capítulo III, denominado "Prova por confissão e por declarações de parte", que é composto de duas seções. A seção 1 é reservada à "Prova por confissão das partes", que disciplina o depoimento de parte e a confissão (arts. 452 a 465). A seção 2 é composta de um único artigo (art. 466), que trata da prova por declarações de parte.

Aplica-se, então, à prova por declarações de parte, "com as necessárias adaptações", o regramento previsto na "secção anterior", destinada à prova por confissão das partes.

Muito embora a intenção da remissão à disciplina da prova por confissão (depoimento de parte) tenha sido a de facilitar a produção da prova por declarações de parte, a expressão "com as necessárias adaptações" ainda é fonte de incertezas. A própria literalidade da referida expressão permite concluir, desde logo, que à prova por declarações de parte "não se aplica em bloco e sem mais o regime do depoimento de parte".[24]

Objetivamente, no ponto ora em exame, a dúvida reside em se saber se uma parte pode requerer que outra parte seja convocada a prestar declarações, nos termos do art. 466 do CPC. Ou seja, a regra do art. 453, n.º 3, do CPC[25], que autoriza o requerimento para que a contraparte ou a comparte prestem depoimento de parte, seria aplicável à prova por declarações de parte?

A prova por declarações de parte é um meio de prova que franqueia à parte o direito de requerer ao juiz a oportunidade

---

24. SOUSA, As declarações..., p. 12.
25. Dispõe o art. 453, n.º 3, do CPC: "Cada uma das partes pode requerer não só o depoimento da parte contrária, mas também o dos seus compartes".

de transmitir-lhe diretamente informações sobre determinados fatos da causa, com finalidade probatória. Não é um meio de prova vocacionado à obtenção da confissão[26] – tal como ocorre com o depoimento de parte.

O caráter voluntário da prova por declarações de parte conduz relevante parcela da doutrina a reputar inviável que uma parte requeira a convocação de seu adversário (contraparte) para a prestação de declarações ou mesmo que uma parte pleiteie a convocação de um litisconsorte (comparte) seu para prestar tais declarações.[27]

A jurisprudência caminha no mesmo sentido: "O Código de Processo Civil de 2013, que entrou em vigor no dia 01.09.2013, introduziu com um carácter inovador, ao lado da prova por confissão, a figura da prova por declarações de parte que, todavia, *não pode ser requerida pela parte contrária*".[28]

Em última análise, portanto, conclui-se pela impossibilidade de se requerer que uma outra parte produza a prova por declarações. No que concerne às partes, somente será admissível que a prova por declarações de parte seja requerida pela própria parte que pretenda prestar suas declarações ao juiz.

---

26. Isso não significa que durante a produção da prova por declarações de parte o depoente não possa vir a confessar. Aliás, a parte final do n.º 3 do art. 466 do CPC admite expressamente tal possibilidade: "O tribunal aprecia livremente as declarações das partes, *salvo se as mesmas constituírem confissão*".

27. CARVALHO, José Henrique Delgado de. *Os temas da prova: A fase da condensação no processo declarativo*. 2. ed. Lisboa: Quid Juris, 2015, p. 220; PINTO, *Notas*..., v. 1, p. 380; FREITAS e ALEXANDRE, *Código*..., v. 2, p. 307.

28. Tribunal da Relação de Lisboa, processo 2022/07.1TBCSC-B.L1-2, relatora Ondina Carmo Alves, julgado em 10/04/2014.

3.4. Determinação da produção da prova de ofício pelo juiz?

O art. 411 do CPC consagra o *princípio do inquisitório*, que atribui ao juiz a tarefa de "realizar ou ordenar, mesmo oficiosamente, todas as diligências necessárias ao apuramento da verdade e à justa composição do litígio, quanto aos factos de que lhe é lícito conhecer".

Trata-se de princípio que incide sobre a atividade do juiz na fase instrutória e que lhe impõe, inicialmente, a atribuição de controlar a admissibilidade das provas requeridas pelas partes.

Deverá sempre realizar concretamente um exame sobre a pertinência da prova pleiteada, de modo a verificar se a alegação fática que se pretende provar, por exemplo, consiste em alegação controvertida e pertinente. Afinal, se o fato for incontroverso, já tiver sido comprovado por outros meios de prova, for notório ou impertinente, não haveria justificativa legítima para se determinar a produção da prova. Nesse caso, estaríamos diante de uma prova desnecessária[29].

O exame de admissibilidade da prova realizado pelo juiz deve investigar as restrições decorrentes do direito probatório material (p. ex., fatos que só podem ser provados por confissão e a parte se propõe a provar por algum outro modo) e do direito probatório formal (p.ex., a parte propõe-se a arrolar

29. "Ao juiz cabe também realizar ou ordenar as diligências dos procedimentos probatórios relativos aos meios de prova propostos pelas partes, na medida em que necessárias ao apuramento da verdade e à justa composição do litígio. Daqui se pode extrair, *a contrario*, que lhe cabe rejeitar os meios de prova desnecessários..." (FREITAS e ALEXANDRE, *Código...*, v. 2, p. 208).

vinte testemunhas para a prova de um fato). Caso a prova requerida pela parte viole qualquer desses limites, o juiz deverá inadmitir o seu ingresso no processo.[30]

Outra vertente de tal análise é o controle de admissibilidade da prova sob a perspectiva de sua legalidade, isto é, de sua compatibilidade com a lei. Aqui o juiz examina a licitude da prova, de modo a impedir que uma prova obtida por meios ilícitos ingresse no processo.

Mas o princípio do inquisitório vai muito além de incumbir o juiz de controlar a admissibilidade das provas requeridas pelas partes. O art. 411 autoriza que o julgador determine, *oficiosamente*, a produção das provas que repute necessárias à formação de seu convencimento acerca da matéria de fato. Tal como em França[31], esses poderes são extraíveis da lei e são congruentes com a premissa de que o juiz é o destinatário principal das

---

30. Essa classificação e os respectivos exemplos são trazidos por Paula Costa e Silva (SILVA, Paula Costa e. Saneamento e condensação no novo processo civil: a fase da audiência preliminar. *Aspectos do novo processo civil*. Lisboa: Lex, 1997, p. 255).

31. Os arts. 10, 144 e 770 do CPC francês, em síntese, determinam que o juiz tem o poder de ordenar de ofício todas as medidas probatórias legalmente admissíveis. A doutrina francesa confirma tal viabilidade: CADIET, Loïc; JEULAND, Emmanuel. *Droit judiciaire privé*. 8. ed. Paris: LexisNexis, 2013, p. 427 e 429; PIERRE-MAURICE, Sylvie. *Leçons de procédure civile*. Paris: Ellipses, 2011, p. 181; DOUCHY-OUTDOT, Mélina. *Procédure civile*. 5. ed. Paris: Gualino, 2012, p. 223; COUCHEZ, Gérard; LAGARDE, Xavier. *Procédure civile*. 16. ed. Paris: Dalloz, 2011, p. 375; GUINCHARD, Serge; CHAINAIS, Cécile; FERRAND, Frédérique. *Procédure civile*: droit interne et droit de l'Union européenne. 31. ed. Paris: Dalloz, 2012, p. 445. Todavia, ressalva-se que na prática os juízes não se utilizam muito desse poder, de modo que a grande maioria das medidas probatórias são determinadas a partir de um requerimento das partes (HÉRON, Jacques; LE BARS, Thierry. *Droit judiciaire privé*. 5. ed. Paris: Montchrestien, 2012, p. 223-224).

provas produzidas no processo. Não se duvida que as partes possam medir as suas chances de sucesso na causa e pautar as suas condutas processuais a partir das provas produzidas (ou a produzir, o que é aferível pelas regras de ônus). Mas é o juiz que precisa ser convencido pelas provas produzidas no processo. Logo, cabe a ele também a avaliação acerca do conjunto probatório existente no processo e a eventual necessidade de determinar a produção de outras provas.[32]

O CPC brasileiro de 2015 possui regra equivalente à contida no art. 411 do CPC português. Trata-se do art. 370 CPC/15, que consagra os poderes instrutórios do juiz, traduzido no poder de determinar provas de ofício e de controlar a admissibilidade das provas requeridas pelas partes. É possível compreender-se também os poderes instrutórios do juiz, a partir do Código de Processo Civil de 2015, na perspectiva do dever de colaboração previsto no art. 6º do CPC/15, impondo ao órgão julgador o dever de diálogo com as partes, o que inclui sua participação na produção das provas necessárias à formação de seu convencimento.

Nesse ponto, o processo civil brasileiro aproxima-se do sistema português, pois se tornou um ambiente propício ao estabelecimento de uma "comunidade de trabalho"

32. Contudo, deve-se levar em conta a seguinte advertência: "(...). 2- Esta amplitude de poderes/deveres, no entanto, não significa que o juiz tenha a exclusiva responsabilidade pelo desfecho da causa. Associada a ela está a responsabilidade das partes, sobre as quais a lei faz recair ónus, inclusive no domínio probatório, que se repercutem em vantagens ou desvantagens para as mesmas e que, por isso, aquelas têm interesse direto em cumprir. 3- Neste contexto, a investigação oficiosa não deve ser exercida com a finalidade da parte poder contornar a preclusão processual decorrente da sua inércia" (Tribunal da Relação de Guimarães, processo 14/15.6T8VRL-C.G1, relator João Diogo Rodrigues, julgado em 20/03/2018).

(*Arbeitsgemeinschaft*)[33], na qual os sujeitos – partes e juiz – participam de forma ativa e colaborativa em sua formação e desenvolvimento.

A adequada compreensão do princípio do inquisitório no sistema português autoriza que o juiz determine, no caso concreto, mais de uma medida instrutória. Todavia, espera-se do julgador a sensibilidade de determinar mecanismos probatórios que sejam adequados à solução do litígio e ao mesmo tempo representem o caminho menos oneroso.[34]

Reafirme-se que essa autorização para o juiz ordenar oficiosamente a produção de uma prova destina-se à formação do seu convencimento acerca dos fatos trazidos aos autos pelas partes. Portanto, não se permite que o juiz atue como investigador, introduzindo fato jurídico novo, diverso dos extraíveis dos autos.[35] Como regra, a sua atuação probatória se restringirá ao contexto fático estabelecido no processo ("quanto aos factos

33. SOUSA, Miguel Teixeira de. *Estudos sobre o novo processo civil.* 2. ed. Lisboa: LEX, 1997, p. 62; FREITAS, *Introdução...*, p. 192; PEREIRA, Fernando Silva. Princípio da cooperação e dever jurídico de colaboração probatória – uma análise à luz do novo Código de Processo Civil. *Revista da Faculdade de Direito da Universidade do Porto.* Ano X, 2013, p. 129.

34. GUINCHARD, CHAINAIS e FERRAND, *Procédure...*, p. 458.

35. CARNELUTTI, Francesco. *La prueba civil.* 2. ed. Trad. de Niceto Alcalá-Zamora y Castillo. Buenos Aires: Depalma, 2000, p. 9 e 45. Merece destaque também a ponderação de Ivan Righi, segundo o qual o juiz "não deve é sair em busca do nome de pessoas que tenham conhecimento dos fatos da causa, como se fosse um investigador policial qualquer"; mas se o juiz toma conhecimento do nome da pessoa por meio de documento constante nos autos, poderá determinar de ofício a inquirição dessa pessoa (RIGHI, Ivan Ordine. Os poderes do juiz. *Jurisprudência Brasileira*, Curitiba, n. 169, jan./mar. 1993, p. 45). O art. 452 do CPC argentino contempla expressamente tal possibilidade: "El juez podrá disponer de oficio la declaración en el carácter de testigos, de personas mencionadas por las partes en los escritos de constitución del proceso o cuando,

No sistema português, como visto, os poderes de instrução do juiz decorrem do princípio do inquisitório (art. 411), que permite ao julgador, dentre outras atividades, determinar provas (quaisquer meios de prova) de ofício.

Logo, entende-se que a menção legal expressa apenas à iniciativa da parte para a produção da prova por declarações de parte (art. 466) não tem o efeito de excluir, também, a incidência da regra que autoriza ao juiz ordenar tal prova oficiosamente (art. 411). Uma regra não parece excluir a outra. Ao contrário, elas convivem harmonicamente.

Rigorosamente não seria sequer necessário recorrer à disciplina do depoimento de parte (art. 452, n. 1) para se reconhecer o poder do juiz de ordenar a produção da prova por declarações de parte (art. 466, n. 2)[39]. Incide sobre ela a diretriz geral, decorrente do princípio do inquisitório.[40]

---

declarações ou esclarecimentos" (GERALDES, PIMENTA e SOUSA, *Código...*, v. 1, p. 531).

39. "Parece assim que a remissão realizada pelo art. 466.º, n.º 2, nCPC para a secção anterior abrange o disposto no art. 452.º, n.º 2, nCPC e que, por isso, o tribunal pode ordenar a prestação de declarações pela parte." (SOUSA, Miguel Teixeira de. Prova por declarações de parte; relações jurídicas indisponíveis. https://blogippc.blogspot.com/2014/04/prova-por-declaracoes-da-parte-relacoes.html – acessado em 14/12/2018).

40. "sendo a evolução legislativa no sentido de um reforço do inquisitório, a possibilidade de o juiz determinar oficiosamente a prestação de declarações de parte é mais lógica e coerente com tais poderes gerais do juiz em matéria de instrução" (SOUSA, As declarações..., p. 10). Nesse ponto, Luís Filipe Pires de Sousa alinha-se ao que foi defendido por Catarina Gomes Pedra (PEDRA, Catarina Gomes. *A prova por declarações das partes no novo Código de Processo Civil: em busca da* verdade material *no processo*. Dissertação de mestrado da Escola de Direito da Universidade do Minho, 2014, p. 133). No mesmo sentido: GERALDES, PIMENTA e SOUSA, *Código...*, v. 1, p. 531; RODRIGUES, Poderes..., p. 36-37; MENDES e SOUSA, *Manual...*, v. 1, p. 549.

Nem se contraponha que o regramento da prova por declarações de parte teria sido intencionalmente mais restritivo que o da prova por confissão, sob a perspectiva da iniciativa para a proposição da prova.

De um lado, há motivos históricos que justificaram essa disciplina mais detalhada do depoimento de parte. No passado pairava dúvida acerca da possibilidade de o julgador ordenar oficiosamente o depoimento de parte. Caso fizesse, havia quem reputasse que isso poderia comprometer a sua "neutralidade", pois a lei não autorizaria expressamente.[41] Isso justificou a inserção, na revisão de 1995-1996 do CPC de 1961, da autorização expressa para que o julgador ordenasse, de ofício, que a parte prestasse seu depoimento. A partir de então ficaram superadas eventuais dúvidas sobre a possibilidade de o juiz determiná-lo de ofício.[42]

Por outro lado, o reconhecimento do direito a um processo equitativo, assegurado pela Constituição, conduz à rejeição de interpretações que reduzam injustificadamente (ou por critérios meramente formais) a amplitude do direito à prova – do qual derivam os poderes gerais do juiz em matéria de instrução. Assim, o regramento existente para a prova por declarações de parte deve ser interpretado como um mínimo, um piso a

41. José Alberto dos Reis explica a divergência que pairava no contexto do CPC revogado, mencionando o panorama doutrinário estabelecido à época, mas esclarecendo que o seu entendimento era de que o "juiz pode ordenar o depoimento oficiosamente" (REIS, José Alberto dos. *Código de processo civil anotado*. 3. ed. (reimpressão) Coimbra: Coimbra Editora, 2012, vol. 4, p. 130-131).

42. Tal alteração insere-se na "tendência geral para a supressão dos limites que a iniciativa oficiosa de prova encontrava na legislação revogada" (FREITAS, José Lebre de; MACHADO, A. Montalvão; PINTO, Rui. *Código de Processo Civil Anotado*: artigos 381.º a 675.º. Coimbra: Coimbra Editora, 2001, v. 2, p. 465).

ser observado para a sua produção. A interpretação coerente com a amplitude do direito constitucional à prova permite concluir que a produção da prova por declarações de parte poderá ser requerida pela parte ou ordenada oficiosamente pelo julgador – seja pela regra do art. 466, n. 2 (que remete à disciplina do art. 452, n. 1), seja pela aplicação da diretriz geral contida no art. 411.[43]

No processo civil holandês, em que há regramento equivalente ao da prova por declarações de parte do processo português, entende-se que são aplicáveis aos "testemunhos de parte" as regras gerais acerca da prova testemunhal. Partindo dessa premissa, admite-se que o testemunho de parte não apenas seja requerido pelas partes, mas também ordenado pelo julgador *ex officio*.[44]

Na Espanha, a iniciativa do interrogatório das partes é sempre da parte contrária ou de ofício pelo juiz.[45] Reconhece-se no sistema espanhol uma amplitude probatória "praticamente ilimitada", permitindo-se que o juiz determine quantas provas ele reputar pertinentes (art. 752, II, da LEC).[46] A *pertinência* da prova, para fins de determinação de ofício, deve ser compreendida

---

43. RODRIGUES, Poderes..., p. 36-37.

44. VAN RHEE, Evidence…, p. 277.

45. FORS, Ignasi de Ramon. La dirección judicial del interrogatorio de las partes. In: LLUCH, Xavier Abel (diretor). *El interrogatorio de las partes en la Ley 1/2000, de Enjuiciamiento Civil.* Barcelona: Bosch, 2008, p. 148.

46. José Bonet Navarro expõe de forma detalhada o entendimento de Montero Aroca, que vislumbra inconstitucionalidade na atribuição de poderes probatórios ao juiz, por ofensa à imparcialidade (NAVARRO, José Bonet. *La prueba en el proceso civil.* Madri: Difusión, 2009, p. 107). Xavier Abel Lluch entende que o juiz poderá apenas fazer uma *sugestão* de produção do interrogatório, quase a título de *recordação* às partes (LLUCH, El interrogatório..., p. 29).

como sinônimo de *necessária*, nas perspectivas de seu objeto e da necessidade da prova (art. 281, I, da LEC)[47] – e não como parâmetro ou critério para a admissão da prova (pertinência, utilidade e licititude), previsto no art. 283, I, da LEC.[48]

Os Tribunais portugueses parecem ainda não ter pacificado o entendimento acerca da possibilidade ou não de o julgador ordenar oficiosamente a realização da prova por declarações de parte.

Em julgamento realizado em abril de 2014, 2ª Secção do Tribunal da Relação de Lisboa externou entendimento no sentido de que "não pode ser requerida pela parte contrária, nem pode ser ordenada oficiosamente".[49] Passado pouco mais de um ano do mencionado julgamento do TRL, a 2ª Secção do Tribunal da Relação de Guimarães decidiu em sentido oposto, ao concluir que "O tribunal pode, oficiosamente, determinar a realização da prova por declarações de parte".[50]

De todo modo, a despeito de ainda não ser possível identificar um consenso doutrinário ou jurisprudencial, a in-

---

47. Dispõe o art. 281, I, da Ley de Enjuiciamiento Civil: "La prueba tendrá como objeto los hechos que guarden relación con la tutela judicial que se pretenda obtener en el proceso".

48. LLUCH, Xavier Abel. La parte proponente. In: LLUCH, Xavier Abel (diretor). *El interrogatorio de las partes en la Ley 1/2000, de Enjuiciamiento Civil.* Barcelona: Bosch, 2008, p. 39. Em sentido semelhante: SENDRA, Vicente Gimeno. *Derecho procesal civil*: el proceso de declaración (parte general). Madri: Castillo de Luna, 2016, p. 502.

49. Tribunal da Relação de Lisboa, processo 2022/07.1TBCSC-B.L1-2, relatora Ondina Carmo Alves, julgado em 10/04/2014.

50. Tribunal da Relação de Guimarães, processo 912/14.4TBVCT-A.G1, relator António Figueiredo de Almeida, julgado em 17/09/2015. No mesmo sentido: TRG, processo 171/15.1T8PRG-A.G1, relator Alcides Rodrigues, julgado em 11/02/2021; TRG, processo 1286/11.TBEPS-B.G1, relatora Isabel Rocha, julgado em 12/03/2015.

tepretação que nos parece mais adequada consiste na admissão da produção da prova por declarações de parte por iniciativa oficiosa do juiz ou por requerimento da parte. Trata-se, ao nosso ver, da interpretação que melhor se compatibiliza com o direito constitucional à prova (art. 20, n. 4, da Constituição), o princípio do inquisitório (art. 411), a cooperação em matéria probatória (art. 417) e a remissão à disciplina do depoimento de parte (art. 466, n. 2, e art. 452, n. 1).

3.5. Repercussões sobre o processo e seus sujeitos

O momento em que for requerida a produção da prova por declarações de parte, aliado ao sujeito que a propuser, terão a potencialidade de impactar sobre a esfera jurídica das partes, sobre a atividade do juiz e sobre o próprio desenvolvimento do processo.

3.5.1. Repercussão sobre a posição das partes

As partes, por meio de seus advogados, deverão ponderar com muito cuidado o momento exato para pleitear tal meio de prova.

Requerer a produção de tal prova, após os articulados, poderá transmitir a impressão (ao menos indiretamente) de fragilidade do lastro probatório (ou mesmo inexistência de prova) que ampara a pretensão da parte.[51] Afinal, se ela estivesse confiante nas provas que levou ao processo certamente não se preocuparia em produzir mais uma prova, assumindo o risco de ela ser valorada contra a parte que a requereu.[52]

---

51. FARIA e LOUREIRO, *Primeiras*..., v. 1, p. 396.

52. As declarações prestadas por uma parte "também podem aproveitar à contraparte, visto que é eventualmente possível que as declarações acrescentem o

Contudo, essa conclusão deve ser compreendida em termos, pois o requerimento da produção da prova por declarações de parte poderá, por exemplo, funcionar como contraprova em relação ao depoimento de uma testemunha indicada pela outra parte. Nesse caso, ela não revelará nenhuma espécie de fragilidade, mas apenas se destinará a impugnar uma prova recém produzida e, com isso, "assegurar a igualdade entre as partes".[53]

De todo modo, além do risco da valoração contrária aos interesses da requerente, sempre haverá o risco de que a prova seja indeferida, considerada protelatória e submeta a parte a uma multa por litigância de má-fé. Caso a conduta da parte seja qualificada como uma violação grave do dever de cooperação na fase de instrução, além de multa e medidas de coerção, a parte também se submeterá a eventual inversão do ônus da prova, nos termos do art. 344 do Código Civil – cujo exame será realizado em tópico subsequente.

Ademais, é possível que se a parte pleitear prestar suas declarações depois de produzidos todos os meios de prova na audiência final isso conduza o adversário a também pleitear a produção da prova.

---

reconhecimento de factos desfavoráveis ao declarante. Nos termos do art. 361º do Código Civil, o reconhecimento de factos desfavoráveis, que não possam valer como confissão, vale como elemento probatório que o tribunal apreciará livremente. Aliás, a lei adjetiva impõe ao juiz esta mesma atitude" (AMARAL, Jorge Augusto Pais de. *Direito processual civil.* 14. ed., Coimbra: Almedina, 2018, p. 344). Paulo Pimenta alerta para o risco de que, "em vez de conseguir o seu propósito, a parte declarante acabe por ficar vinculada a afirmações de conteúdo confessório" (PIMENTA, *Processo...*, p. 387, nota 916). No mesmo sentido, confira-se: CORREIA, PIMENTA e CASTANHEIRA, *Introdução...*, p. 57, nota 50.

53 MENDES e SOUSA, *Manual...*, v. 1, p. 549.

Tal se justificaria pelo temor subjetivo de que (*i*) se uma parte não se dispôs a prestar suas declarações diretamente ao juiz é porque tem algo a esconder ou (*ii*) o juiz terá mais viva em sua memória a versão apresentada (por último) pela parte que efetivamente dedicou-se a prestar declarações.

Nesse contexto a celeridade processual poderá ser prejudicada caso o adversário, sob o argumento de ser cauteloso, também requeira a prestação de suas declarações.[54]

3.5.2. Repercussões sobre o processo: credibilidade das declarações

Um outro aspecto que merece atenção relaciona-se com a credibilidade das informações prestadas pelas partes no processo. Afinal, não há dúvida de que a parte sempre será a melhor fonte de prova, pois normalmente será quem domina com maior precisão os fatos da causa. Porém, não se pode ignorar que quando a parte for convocada a prestar as suas declarações surja o risco de que ela pretenda transmitir ao julgador uma

54. ALEXANDRE, A fase..., p. 281. António Júlio Cunha manifesta preocupação com a economia processual, mas conclui que "a sua proibição num sistema em que predomina o princípio da livre admissibilidade não se justifica" (CUNHA, *Direito...*, p. 350). Em parecer elaborado acerca do Projeto de Revisão do Código de Processo Civil, o Movimento de Justiça e Democracia, no ponto em que examinou a proposta de inserção da prova por declarações de parte, também manifestou preocupação com a celeridade processual: "Receamos que este meio de prova possa ser requerido pelas partes de forma abusiva, o que conduzirá a uma repetição do alegado nos articulados, sendo que, por natureza, as partes não conseguem ver os factos com objectividade" – https://www.mjd.org.pt/default/storage/content/103/attachments/parecer-final-processo-civil-mjdpdf.pdf – acessado em 13.7.2019.

narrativa que potencialmente atenda aos seus interesses[55], ou mesmo que a sua memória não lhe permita transmitir os fatos da forma que eles realmente ocorreram.

Repare-se que não se está a cogitar, propriamente, de uma narrativa da parte com o objetivo de falsear a realidade. Na primeira hipótese referida, estaremos diante de um relato parcial, com a omissão ou distorção inconsciente de parcela dos fatos que o sujeito imagine que possa lhe ser desfavorável aos olhos do julgador. No segundo caso, uma inadequação no processo de memorização e recuperação da informação poderá conduzir a parte a introduzir uma informação equivocada no processo.

Aí entra em cena a habilidade do julgador para avaliar a credibilidade da declaração prestada pela parte.

Deverá examinar fatores como a coerência do relato (sem contradições, inexistência de uma coerência *milimétrica*[56]),

55. Araken de Assis pondera que "As partes são profundamente interessadas no desfecho do processo. Atrás da barreira do próprio interesse, situa-se prêmio valioso: o cabal conhecimento dos fatos que originaram o litígio. Vale a pena contornar as travas psicológicas e conquistá-lo..." (ASSIS, Araken. *Processo civil brasileiro.* São Paulo: Revista dos Tribunais, 2015, v. 3, p. 498). Na mesma linha, confira-se: LLUCH, El interrogatorio..., p. 42.

56. Não há dúvida de que a memória das pessoas não é perfeita. Logo, um relato fático que revele coerência absoluta pode ser sinônimo de preparação da declaração e, consequentemente, deve ser objeto de cuidado adicional pelo julgador (FENOLL, Jordi Nieva. *Derecho procesal II. Proceso civil.* Madri: Marcial Pons, 2015, p. 240-241). Contudo, como corretamente pondera Luís Filipe Pires de Sousa, um "relato autêntico/espontâneo que faça uma contextualização pormenorizada e plausível colhe credibilidade acrescida por contraposição a um relato seco, estereotipado ou com recurso a generalizações" (SOUSA, Luís Felipe Pires de. *Prova testemunhal.* Coimbra: Almedina, 2017, p. 365).

contextualização do relato (indicação de detalhes óbvios, como o intenso calor, ou mesmo se havia muitas pessoas no local) e, se possível, corroborações periféricas (congruência com outros elementos do processo) e comentários oportunistas (tais como "tenho boa memória", "tenho grande experiência" em algo, ou falar desnecessariamente bem ou mal de determinado sujeito).[57]

Paralelamente à obrigação de dizer a verdade, impõe-se também à parte um "obbligo di completezza", de modo que ela deverá dizer a verdade sobre todos os fatos que sejam relevantes para a decisão da causa, mesmo que sejam desfavoráveis a si. Mas isso não equivale a dizer que o silêncio da parte durante seu depoimento caracterizará uma conduta mentirosa. Nesse caso, o silêncio equivalerá à admissão de fato contrário ao depoente e assim será considerado na decisão.[58]

Sob essa perspectiva, portanto, a despeito de ser uma fonte de prova valiosa para o processo, deve-se ter muita cautela com a credibilidade das informações que a parte prestará pois, muitas vezes, e por uma série de motivos, ela pode se revelar uma fonte de informações pouco confiável.[59]

---

57. Jordi Nieva Fenoll destaca que o julgador deve estar atento a esses quatro fatores quando for examinar o testemunho de um sujeito. A análise de Fenoll, à luz do processo civil espanhol, concentra-se na figura da testemunha (FENOLL, *Derecho*..., p. 241). Porém, considerando tratar-se de espécie de prova oral, em que a informação é transmitida diretamente ao julgador, parece-nos que aquelas balizas sejam aplicáveis também ao sujeito que produzir a prova por declarações de parte.

58. GRADI, Marco. Sincerità dei litiganti ed etica della narrazione nel processo civile. *Lo Sguardo – Rivista di filosofia*. n. 8, Etica della responsabilità: applicazioni e problemi, p. 108 e 110, 2012 (I).

59. CAPPELLETTI, *La testimonianza*..., vol. 1, p. 3-4. Tiago Bitencourt de David pondera, com razão, que se revela "de todo equivocado presumir a mentira por parte da parte naquilo que lhe favorecer e, por isso, excluir as porventura valio-

Ainda sob a perspectiva da confiabilidade das declarações da parte, deve-se sempre ponderar o risco de ela deliberadamente mentir. Aqui adentramos em campo mais complexo, consistente nos critérios para se qualificar como mentirosa a narrativa de um sujeito no processo – cujo exame aprofundado extrapolaria muito os limites deste trabalho. Para os objetivos da presente análise, basta indicar que a simples incompatibilidade entre a narrativa fática da parte e a realidade dos fatos não é suficiente para caracterizá-la como mentira – seria, apenas, uma narrativa imprecisa, equivocada etc. Afinal, nada impede que um sujeito que detenha e acredite em uma informação falsa, transmita-a a outrem, sem que isso configure uma mentira. Trata-se do que a doutrina convencionou chamar de *erro honesto*.[60]

A caracterização da mentira, portanto, exige como elemento fundamental a intenção da parte de, tendo consciência da verdade, dedicar-se a falseá-la, de modo a conduzir alguém a um engano.[61] Trata-se de verdadeira manobra. São necessários, portanto, dois elementos principais para a caracterização da mentira: enunciação falsa da realidade, com a deliberada intenção de enganar alguém.[62]

Há na doutrina portuguesa quem dedique especial preocupação com a confiabilidade das declarações prestadas

---

sas informações que possam estar sendo trazidas ao processo" (DAVID, Tiago Bitencourt de. O depoimento pessoal a requerimento da própria parte como meio de prova no direito processual civil. *Revista jurídica*, n. 435, jan./2014, p. 14).

60. RAMOS, Vitor de Paula. *Prova testemunhal*. São Paulo: Revista dos Tribunais, 2018, p. 71.

61. GRADI, Sincerità..., p. 106.

62. BARATA-MOURA, José. *Que fazer com a mentira?* Seminário Nacional – O perfil do juiz na tradição ocidental. Coimbra: Almedina, 2009, p. 237 e 240.

pela parte ao julgador, em sede de prova por declarações de parte. Afirma-se que "o julgador tem que valorar, em primeiro lugar, a declaração da parte e, só depois, a pessoa da parte porquanto o contrário (valorar primeiro a pessoa e depois a declaração) implica prejulgar as declarações e incorrer no viés confirmatório".[63]

A jurisprudência reconhece o valor probatório autônomo da prova por declarações de parte[64], mas ressalva que a credibilidade das declarações "tem de ser aferida em concreto e com cautela, sem que se valore primeiro a pessoa e depois a declaração. Da parte espera-se que faça um relato sério autêntico, espontâneo, contextualizado e plausível de forma que conjugado com os demais dados e circunstâncias, demonstrem a veracidade da declaração".[65] Dito de outro modo, a livre apreciação das declarações não confessórias prestadas pela parte considerará as condições concretas em que foram prestadas e "se a parte assistiu ou não ao julgamento,

63. SOUSA, *Prova...*, p. 364.
64. Tribunal da Relação do Porto, processo 2274/19.4T8VNG.P1, relator Rodrigues Pires, julgado em 11/01/2022. Em sentido contrário, há corrente jurisprudencial no sentido de que a prova por declarações de parte "será normalmente insuficiente para a prova de um facto essencial à causa de pedir que surja desacompanhada de qualquer outra prova que a sustente ou sequer indicie." (Tribunal da Relação do Porto, processo 688/20.6T8PVZ.P1, relator Manuel Domingos Fernandes, julgado em 04/05/2022). No mesmo sentido: Tribunal da Relação de Évora, processo 395/21.2T8STB-P.E1, relatora Paula do Paço, julgado em 16/12/2021; Tribunal da Relação do Porto, processo 1442/20.0T8VNG.P1, relator Jorge Seabra, julgado em 15/12/2021; Tribunal da Relação do Porto, processo 2358/19.9T8MTS.P1, relator Paulo Dias da Silva, julgado em 17/06/2021.
65. Tribunal da Relação de Guimarães, processo 3690/16.9T8VNF.G1, relatora Vera Sottomayor, julgado em 19/11/2020.

no sentido de lhe conferir, também em função disso, menor ou maior credibilidade".[66]

Portanto, deve-se aplicar à prova por declarações de parte as mesmas cautelas adotadas para a aferição da credibilidade das informações prestadas mediante qualquer das modalidades de prova oral.[67]

3.5.3. Repercussões sobre a atividade do julgador

A atividade do juiz também será impactada a depender do momento em que seja formulado o requerimento de produção da prova por declarações de parte.

Caso a prova seja requerida logo nos articulados, ela deverá constar do despacho de programação. Todavia, isso não elimina a necessidade de definição da ordem das oitivas das partes, exigência do juramento, em que condições cada uma irá depor (como depoimento de parte ou declaração de parte), o que poderá se refletir na eventual obtenção de confissão.

Por outro lado, caso essa prova seja requerida na própria audiência, o juiz deverá decidir se será o caso de intimar a parte contrária (especialmente a ausente) para produzir a mesma prova, se o fato de a parte ter presenciado a produção da prova

---

66. Tribunal da Relação de Lisboa, processo 20294/17.1T8LSB-B.L1-7, relatora Maria da Conceição Saavedra, julgado em 21/06/2022. No mesmo sentido: Tribunal da Relação de Lisboa, processo 18293/16.0T8LSB.L2-7, relatora Cristina Coelho, julgado em 22/03/2022.

67. Tribunal da Relação do Porto, processo 1303/16.8T8PNF.P1, relatora Paula Leal de Carvalho, julgado em 22/02/2021; Tribunal da Relação de Coimbra, processo 204/19.2T8SPS.C1, relator António Carvalho Martins, julgado em 16/03/2021; Tribunal da Relação de Guimarães, processo 159/21.3T8AMR.G1, relator José Cravo, julgado em 16/09/2021; Tribunal da Relação de Coimbra, processo 63725/20.8YIPRT.C1, relator José Avelino Gonçalves, julgado em 26/04/2022

constituiria ou não fundamento para a rejeição das declarações requeridas no final da audiência e antes do início das alegações orais[68], se a oitiva será feita na própria audiência ou em sessão futura etc.

De todo modo, impõe-se que a parte requerente esteja presente na audiência em que o pedido será formulado e preste as suas declarações assim que seja deferido o requerimento, atento o princípio da inadiabilidade da audiência. O requerimento de declarações por uma parte que esteja ausente da audiência conduz ao indeferimento do pedido, salvo situação de justo impedimento.[69]

Tudo isso sem se descuidar da avaliação da conduta das partes, que poderá não apenas assumir repercussão probatória,

---

68. "I–A circunstância de os AA. terem presenciado a produção de prova não constitui fundamento de rejeição das declarações de parte por estes requerida no final da audiência de julgamento e antes do início das alegações orais em 1ª instância" (Tribunal da Relação de Lisboa, processo 20294/17.1T8LSB-B.L1-7, relatora Maria da Conceição Saavedra, julgado em 21/06/2022). No mesmo sentido: MENDES e SOUSA, *Manual...*, v. 1, p. 550. Todavia, trata-se de "um factor relevante para a valoração das declarações realizadas pela parte, a ponderar no momento da apreciação da prova" (Tribunal da Relação de Coimbra, processo 276/20.7T8SRT.C1, relator Fonte Ramos, julgado em 14/06/2022).
69. Após reafirmar o ônus de a parte requerente estar presente na audiência, admite-se "como excepção a esta regra, que a parte possa estar impossibilitada de todo de comparecer na audiência, caso em que deverá alegar e comprovar isso mesmo, e o Juiz designará nova data para essa diligência de prova. 3. Mas quando o mandatário formula o requerimento para a parte ser ouvida em declarações, esta não está presente, e nem sequer apresenta uma justificação aceitável para essa ausência, deve o Juiz indeferir liminarmente ao requerido." (Tribunal da Relação de Guimarães, processo 7072/18.0T8VNF-B.G1, relator Afonso Cabral de Andrade, julgado em 14/10/2021). No mesmo sentido: MENDES e SOUSA, *Manual...*, v. 1, p. 550. Em sentido contrário, inadmitindo em qualquer hipótese as declarações de parte ausente, ainda que justificadamente, confira-se: Tribunal da Relação do Porto, processo 13083/16.2T8PRT-A.P1, relator Rui Penha, julgado em 25/03/2019.

mas também implicar a incidência de sanções à parte que tenha atuado de forma inadequada. A repercussão probatória da conduta das partes será examinada com maior detalhamento em tópico subsequente.

3.5.4. As declarações de parte e sua valoração

As ponderações acima deduzidas permitem concluir que a prova por declarações de parte deverá ser requerida com muita prudência.

De um lado, porque a prova pode ser valorada contrariamente aos interesses da parte que a pleiteou (em razão do seu resultado, por ser considerada protelatória e tal conduta ser valorada desfavoravelmente à parte...).

Isso poderá ocorrer até mesmo quando a ação versar sobre direitos indisponíveis, hipótese em que se reconhece o cabimento da prova por declarações de parte, porém sem a possibilidade de a declaração ser valorada pelo juiz como confissão (art. 354, *b*, do Código Civil).[70] Afinal, "se não é possível atribuir ao meio de prova qualquer dos valores probatórios

70. "Mesmo estando em causa uma acção em que se discutem direitos indisponíveis, não pode ser rejeitado o requerimento para declarações de parte, com fundamento na sua inutilidade, por ser susceptível de levar a uma eventual confissão de factos, posto que, neste caso, tal meio de prova é ineficaz para produzir confissão, já que esta nunca poderia ser valorada com os inerentes efeitos de irretratabilidade e força probatória plena. Mas, essa circunstância não impede, nem limita, a faculdade que a parte tem de lançar mão do novo meio de prova – declarações de parte – sendo estas, em tudo o que lhe for favorável, livremente valoradas pelo Tribunal. O que se rejeita é que o Tribunal, a pretexto da inviabilidade de confissão, por força da natureza da acção em causa, rejeite o meio de prova requerido pela parte, decidindo, desde logo e liminarmente, pela sua inutilidade." (Tribunal da Relação de Lisboa, processo 2022/07.1TBCSC-B.L1-2, relatora Ondina Carmo Alves, julgado em 10/04/2014).

que a lei, em abstracto, lhe fixa, é possível atribuir-lhe, pelo menos, um desses valores".[71] Nesse caso, o reconhecimento de fatos desfavoráveis, sem valor confessório, ostentará status de elemento probatório e nessa condição será livremente valorado pelo tribunal (art. 361 do Código Civil).

Por outro lado, não se pode desconsiderar a hipótese de o requerimento de tal prova revelar fragilidade das provas até então produzidas, o que poderá se refletir – ainda que subjetivamente – na formação da convicção do juiz.

3.5.5. Arremate

Diante desse panorama, a providência que aparenta ser a mais cautelosa consistirá no requerimento da produção de todos os meios de prova (inclusive da prova por declarações de parte) nos articulados. Isso tende a minimizar o risco de transparecer fragilidade perante o juiz e o adversário, além de não impedir que posteriormente, após uma avaliação da prova documental produzida no processo (com os articulados), a parte desista da produção de tal prova.

---

71. SOUSA, Miguel Teixeira de. Prova por declarações de parte; relações jurídicas indisponíveis. https://blogippc.blogspot.com/2014/04/prova-por-declaracoes-da-parte-relacoes.html – acessado em 14/12/2018. No mesmo sentido, admitindo a prova por declarações de parte quando estiverem em causa direitos indisponíveis, confira-se: GERALDES, PIMENTA e SOUSA, *Código...*, v. 1, p. 529.

4. DEVER DE COOPERAÇÃO PARA A DESCOBERTA DA VERDADE

O presente capítulo tem por objetivo investigar a amplitude assumida pelo princípio da cooperação na fase de instrução e a sua repercussão sobre a prova por declarações de parte. Para tanto, serão fixadas premissas acerca do princípio da cooperação no processo civil português e a repercussão assumida por tal princípio no sistema brasileiro. O estabelecimento dessas balizas permitirá compreender o alcance da cooperação na fase de produção de provas, a justificativa para a existência de exigência específica de cooperação no âmbito da prova por declarações de parte e a eventual aplicação dessas soluções ao processo civil brasileiro.

4.1. Contornos essenciais do princípio da cooperação

O art. 7º do CPC de 2013 consagra o princípio da cooperação processual, segundo o qual os magistrados, os mandatários judiciais e as partes devem cooperar entre si, com o objetivo de se obter, com brevidade e eficácia, a justa composição do litígio.[1]

1. "Laddove invece il modello processuale voglia favorire la cooperazione tra i soggetti privati e il giudice, quest'ultimo si porta al livello delle parti nello

O princípio, que já estava consagrado no art. 266 do CPC de 1961, determina o estabelecimento de uma série de poderes-deveres do tribunal para com as partes, de deveres das partes em relação ao tribunal[2] e, também, deveres recíprocos de uma parte em face da outra.[3]

O princípio da cooperação impõe ao tribunal o poder-dever de atuar no sentido de se atingir a justa composição do litígio em tempo razoável, que se desdobra em quatro deveres principais: dever de esclarecimento, dever de prevenção, dever de consulta e dever de auxílio.[4] Mais recentemente, passou-se

---

sviluppo del dialogo processuale e nella formazione del materiale di causa. L'attività dei tre soggetti che sono protagonisti del processo si fonde in un'azione combinata e quando l'intera materia del contendere prima della decisione subisce gli effetti delle forze esercitate dall'attore, dal convenuto e dal giudice tra di loro in concorso, nei limiti delle rispettive attribuzioni, il risultato diviene il prodotto di una collaborazione totale" (SALVANESCHI, Laura. *Dovere di collaborazione e contumacia*, in Rivista di Diritto Processuale, ano LXIX, n. 3, maggio-giugno/2014, p. 565).

2. REGO, Carlos Francisco de Oliveira Lopes do. *Comentários ao Código de Processo Civil (art. 1º a art. 800º)*, Coimbra: Almedina, 2004, v. I, p. 266.
3. Sob uma perspectiva mais ampla, poder-se-ia mencionar o *princípio da cooperação leal*, previsto no art. 4º, n. 3, do Tratado da União Europeia, que se caracteriza pelo reconhecimento de deveres recíprocos a cargo dos Estados-Membros e da União Europeia, notadamente no que tange à adoção de medidas destinadas a garantir a execução das obrigações decorrentes dos Tratados. Para um exame aprofundado acerca do *princípio da cooperação leal*, confira-se: CAMPOS, PEREIRA e CAMPOS, *O direito...*, em especial p. 116-120.
4. SOUSA, *Estudos...*, p. 65; CUNHA, *Direito...*, p. 73. Lebre de Freitas, no entanto, extrai do princípio da cooperação dois sentidos, a depender do objetivo que pretenda atingir: *cooperação em sentido material*, quando a cooperação estiver orientada a apurar a "verdade sobre a matéria de facto" (art. 7º, n. 2 e 3, e art. 417) e *cooperação em sentido formal*, caso os esforços se orientem a proporcionar em prazo razoável a decisão ou a providência executiva (art. 7º, n. 4, e art. 151). Adotando a classificação proposta por Lebre de Freitas, confira-se: ALMEIDA, Francisco Manuel Lucas Ferreira de. *Direito processual civil*. 2. ed. Coimbra: Almedina, 2018, v. 1, p. 120-123.

a afirmar um quinto dever decorrente da colaboração, denominado dever de inquisitoriedade.

Fredie Didier Jr. promoveu uma intepretação renovada do princípio da cooperação previsto no sistema português e concluiu que tal princípio (*i*) concretizou um novo modelo de processo equitativo no Direito português, (*ii*) é um subprincípio da boa-fé, (*iii*) independe de concretização por regras específicas e (*iv*) abrange todos os sujeitos processuais, inclusive o órgão jurisdicional.[5]

O Supremo Tribunal de Justiça reconhece a relevância fundamental do princípio da cooperação na dinâmica do processo e conclui que, sob a perspectiva do juiz, ele está intimamente ligado ao dever de gestão processual (art. 6º). Afinal, "ao exercer os deveres de cooperação, o magistrado está, no fundo, a gerir o processo, eliminando os formalismos desnecessários, facilitando e estimulando o envolvimento das partes no procedimento, e esclarecendo dúvidas quanto às questões suscitadas, por forma a garantir a justa composição do litígio, em tempo breve e de modo eficaz".[6]

No entanto, advirta-se que o fato de o CPC de 2013 ter reforçado os deveres de gestão processual e de cooperação pelo juiz "não desresponsabilizaram as partes nem operaram a redução das exigências qualitativas relativas ao exercício do mandato judicial".[7] Muito pelo contrário. A proibição da litigância de

5. DIDIER JR., Fredie. *Fundamentos do princípio da cooperação no direito processual civil português*. Coimbra: Coimbra Editora, 2010, *passim*.

6. Supremo Tribunal de Justiça, processo 3368/06.1TVLSB.L1.S1, relator Henrique Araújo, julgado em 22/05/2018.

7. Tribunal da Relação de Lisboa, processo 2414/13.7TJLSB-A.L1-6, relator Carlos Marinho, julgado em 11/10/2018. No mesmo sentido: Tribunal da

má-fé tem como um de seus fundamentos precisamente o princípio da cooperação, que impõe às partes os deveres de urbanidade e moralidade, de modo a garantir o respeito à soberania dos tribunais, ao caráter público do processo e ao ambiente de lealdade que deve permear a conduta das partes no ambiente judicial.[8]

A exemplo do CPC português, o art. 6º do CPC de 2015 consagrou no processo civil brasileiro a incidência do princípio da cooperação: "Todos os sujeitos do processo devem cooperar entre si para que se obtenha, em tempo razoável, decisão de mérito justa e efetiva."

O CPC brasileiro aparentemente consagrou a cooperação de forma mais abrangente (*todos os sujeitos do processo*) que a prevista no CPC português (*magistrados, os mandatários judiciais e as próprias partes*). Contudo, tal como ocorreu no sistema português, também no Brasil passou-se a afirmar que a positivação do princípio da cooperação implicou uma alteração paradigmática no sistema processual civil. Consagrou-se um processo organizado segundo o modelo cooperativo[9].

Muito embora tenha sido uma enunciação relevante na perspectiva infraconstitucional e com inegável conteúdo pragmático, rigorosamente, no sistema brasileiro a cooperação já seria extraível dos princípios constitucionais do contraditório,

---

Relação de Lisboa, processo 16955/15.8T8LSB.L2-8, relator Ilídio Sacarrão Martins, julgado em 08/02/2018.

8. Tribunal da Relação de Guimarães, processo 1570/15.4T8GMR-A.G1, relator Jorge Teixeira, julgado em 30/11/2017.

9. DIDIER JR., Fredie. *Curso de direito processual civil.* 17. ed., Salvador: Juspodivm, 2015, v. 1, p. 124-126.

do devido processo legal[10] e do acesso à justiça. Afinal, a correta interpretação desses princípios permite (sempre permitiu) um diálogo mais dedicado entre o juiz e as partes, com o objetivo de se obter, por meio do processo, uma solução juridicamente mais justa e em prazo razoável.

Na linha da doutrina portuguesa, a doutrina brasileira identifica no CPC de 2015 os quatro principais deveres decorrentes da cooperação (esclarecimento, prevenção, consulta e auxílio), cujas repercussões concretas também estão retratadas em uma série de regras espalhadas pelo Código.

4.1.1. Dever de esclarecimento

O *dever de esclarecimento* confere ao juiz, em qualquer altura do processo, o poder de se esclarecer junto às partes, seus representantes ou mandatários judiciais acerca da matéria de fato ou de direito pertinentes (art. 7º, n. 2). O princípio do contraditório determina que se dê conhecimento à parte contrária dos resultados da diligência (art. 3º, n. 3 e art. 7º, n. 2, parte final).

Mas o dever de esclarecimento também impõe às partes a incumbência de atender às notificações para comparecimento e prestar os esclarecimentos que lhes forem solicitados (art. 7º, n. 3). Vale dizer, o juiz tem o poder de pedir às partes que esclareçam "o sentido das respectivas declarações, permitindo-lhes fixar o sentido que tais declarações devem ter (a parte realiza uma interpretação autêntica de suas declarações)".[11]

---

10. BUENO, Cassio Scarpinella. *Curso sistematizado de direito processual civil.* 9. ed. São Paulo: Saraiva, 2018, v. 1, p. 401.

11. SILVA, Saneamento..., p. 229.

Contudo, as partes poderão se recusar a colaborar com o tribunal nas hipóteses do art. 417, n. 3 (por remissão contida na parte final do art. 7º, n. 3).[12]

Há uma série de regras no CPC português que se destina a concretizar a incidência do dever de esclarecimento, nas mais variadas fases do processo.

Um exemplo é a regra do art. 590 do CPC, que autoriza de forma ampla a incidência da cooperação ao conceder ao juiz o poder de convidar as partes a suprir irregularidades nos articulados. Isso poderá ocorrer nas seguintes situações: ausência de requisitos legais, falta de documento essencial (ou que a lei exija como pressuposto para o prosseguimento da causa), além de insuficiências ou imprecisões "na exposição ou concretização da matéria de facto alegada" (art. 590, n. 4).[13]

---

12. Na vigência do CPC de 1961, o art. 265 dispunha o seguinte: "As partes e os seus representantes são obrigados a comparecer sempre que para isso forem notificados e a prestar os esclarecimentos que, nos termos da lei, lhes forem pedidos". Tratava-se do princípio da cooperação, na perspectiva do dever de esclarecimento. Naquela época, o princípio dispositivo era por vezes mal invocado para negar o dever de colaboração das partes ou de colaboração de terceiros. Afirmava-se que a expressão "nos termos da lei", constante do art. 265, significaria que o dever de esclarecimento somente teria lugar quando uma lei o impusesse. Diante disso, Lebre de Freitas propôs a eliminação da expressão "nos termos da lei", que persistia no projeto de novo CPC (FREITAS, José Lebre de. Parecer da comissão de legislação da Ordem dos Advogados sobre o projecto de Código de Processo Civil. *Separata da Revista da Ordem dos Advogados*, ano 50, III, Lisboa, Dezembro, 1990, p. 766-777). A proposta de Lebre de Freitas foi encampada na reforma de 1995/1996 e seguiu reproduzida no CPC de 2013. Com isso, o dever de esclarecimento foi reafirmado no Código de 2013, porém sem a expressão "nos termos da lei", que tanto causou dúvidas em tempos pretéritos.
13. Paula Costa e Silva demonstra que o art. 508 do CPC de 1961 (atual art. 590 do CPC de 2013) confere um poder mais amplo do que o previsto na hipótese da simples convocação para prestar esclarecimentos (art. 7º, n. 2, do CPC de

Todavia, a jurisprudência é enfática ao consignar que o convite ao aperfeiçoamento dos articulados de que trata o art. 590 do CPC "não compreende o suprimento da falta de indicação do pedido ou de omissões de alegação de um núcleo de factos essenciais e estruturantes da causa de pedir".[14]

O processo comunitário[15] também concede ao Tribunal o poder de ordenar o comparecimento pessoal das partes ou de seus representantes legais[16] para responderem aos questionamentos que lhes sejam formulados e para se pronunciarem oralmente ou por escrito sobre aspectos do litígio. Do mesmo modo, pode-se exigir que forneçam informações relacionadas às próprias partes ou terceiros, ou mesmo que apresentem documentos ou quaisquer outros elementos relacionados ao processo.[17]

O CPC brasileiro de 2015 adotou método semelhante ao previsto no CPC português. Enunciou o princípio da cooperação logo no início do Código, como uma norma fundamental

2013), ao permitir que o juiz peça "à parte que supra lacunas ou elimine erros na exposição da matéria de facto" (SILVA, Saneamento..., p. 229).

14. Tribunal da Relação de Lisboa, processo 3150/18.3T8FAR.L1-6, relator Manuel Rodrigues, julgado em 04/07/2019.

15. Sobre o depoimento pessoal, prestação de informações e inspeções no âmbito do processo comunitário, ver por todos: CAMPOS, PEREIRA e CAMPOS, *O direito...*, p. 314.

16. Dispõe o art. 64, n. 2, alínea *a*, do Regulamento de Processo do Tribunal de Justiça da União Europeia: "Sem prejuízo do disposto nos artigos 24.º e 25.º do Estatuto, as diligências de instrução compreendem: a) a comparência pessoal das partes".

17. Dispõe o art. 24, primeiro parágrafo, do Estatuto do Tribunal de Justiça: "O Tribunal de Justiça pode pedir às partes que apresentem todos os documentos e prestem todas as informações que considere necessárias. Em caso de recusa, o Tribunal regista-a nos autos".

(estruturante) e cuidou de concretizar a sua aplicação nos momentos que elegeu como mais relevantes para a incidência do princípio.

Com relação ao dever de esclarecimento, pode-se indicar como exemplo o art. 357, § 3º, do CPC/15, que determina ao juiz, diante da complexidade da matéria de fato ou de direito, o dever de designar audiência para que o saneamento seja feito em cooperação com as partes (o chamado saneamento compartilhado).

4.1.2. Dever de prevenção

O *dever de prevenção* (ou dever de advertência) traduz a necessidade de se prevenir as partes quanto a irregularidades processuais, possibilitando-lhes a devida correção. Sob essa perspectiva, assume um caráter assistencial, cuja finalidade consiste em impedir que a pretensão exercida pela parte seja frustrada pelo uso inadequado do processo.[18]

A doutrina identifica quatro áreas fundamentais para a aplicação do dever de prevenção: explicitação de pedidos pouco claros, exposição imprecisa de fatos relevantes, necessidade de adequação do pedido à situação concreta e a sugestão de uma certa atuação.[19]

O CPC de 2013 adotou o dever de prevenção em uma série de regras, incidentes sobre as diversas fases do procedimento. Exemplo disso é a imposição ao juiz, se for o caso, de convocar as partes a aperfeiçoarem seus articulados, suprindo

18. SOUSA, *Estudos...*, p. 66.
19. SOUSA, *Estudos...*, p. 66.

insuficiências ou imprecisões na exposição da matéria de fato (art. 590, n. 2, b, art. 591, n. 1, c). Nesse caso, a ausência de convite para o aperfeiçoamento da petição inicial caracterizará violação do princípio da cooperação e do dever de gestão processual, o que implicará a anulação da sentença por força do art. 195, n. 2, do CPC.[20]

Em recente decisão, a 2ª Secção do Tribunal da Relação do Porto pareceu adotar conduta coerente com o dever de prevenção: "Não estando a parte patrocinada por advogado, deve aumentar a diligência do tribunal no cumprimento do dever de cooperação, pelo que a omissão do dever de cooperação por parte do tribunal, influindo no exame e decisão da causa, constitui nulidade processual".[21] Nesse caso, a observância do dever de prevenção teria o efeito de alertar a parte acerca de uma irregularidade processual, convidando-a a supri-la. Tal atuação do tribunal tenderia a evitar a persistência do defeito e, consequentemente, a caracterização de nulidade processual.

Paula Costa e Silva entende que o dever de prevenção no CPC português não adotou a alargada abrangência que tal dever ostenta no sistema alemão. Na Alemanha, o dever de prevenção impõe ao tribunal, por exemplo, a incumbência de indicar à parte que ela se equivocara na qualificação jurídica dos fatos e, consequentemente, deduzira uma pretensão inadequada[22].

---

20. Tribunal da Relação de Évora, processo 124/14.7T8ABT.E1, relator Bernardo Domingos, julgado em 19/05/2016.

21. Tribunal da Relação do Porto, processo 3738/17.0T8MTS.P1, relator Rodrigues Pires, julgado em 29/01/2019.

22. Renato Beneduzi traz a notícia de que o § 139 ZPO consagra um verdadeiro dever de cooperar no processo civil alemão. Porém adverte: "este dever não deve ser confundido com um 'dever de conversar' (*Pflicht zum Rechtsgespräch*); ao tribunal não se exige, com efeito, que revele às partes antecipadamente suas

Muito embora o princípio da cooperação do sistema português tenha indisfarçável inspiração no direito alemão[23], o CPC de 2013 admitiu um dever de prevenção restrito a alertar as partes para complementar ou clarificar a exposição da matéria de fato constate do ato postulatório; não se permitiu o mesmo dever em relação à exposição da matéria de direito. A partir de tais premissas, Paula Costa e Silva conclui que o legislador português não previu o dever geral de prevenção como cláusula geral de segurança contra o insucesso da demanda pela inadequada aplicação do direito pela parte.[24]

O CPC brasileiro, a exemplo do CPC português, contém regras que se destinam a concretizar o dever de prevenção. De forma ampla, impõe-se ao juiz o dever de dedicar-se a suprir vícios que tenham a potencialidade de comprometer a prestação da tutela jurisdicional (arts. 317 e 139, IX, do CPC/15). A incidência do dever de prevenção também é assegurada na fase recursal: "Antes de considerar inadmissível o recurso, o relator concederá o prazo de 5 (cinco) dias ao recorrente para que seja sanado vício ou complementada a documentação exigível" (art. 932, par. único).

Mas há também hipóteses específicas, como a do art. 76, *caput*, que determina suspensão do processo e anotação

---

impressões e convicções sobre a causa, dando-lhe oportunidade de manifestar-se sobre como ele pretende julgar" (BENEDUZI, Renato. *Introdução ao processo civil alemão*. Salvador: Juspodivm, 2015, p. 84).

23. FREITAS, *Introdução...*, p. 190.

24. SILVA, Paula Costa e Silva. *Acto e processo*. São Paulo: Revista dos Tribunais, 2019, n. 24.3.3.1, p. 547. Na mesma linha, Carlos Francisco de Oliveira Lopes do Rego entende que o princípio da cooperação foi consagrado no CPC português "em termos algo mitigados, relativamente ao entendimento que lhe vem dado no direito alemão" (REGO, *Comentários...*, p. 265).

de prazo para a correção de vício consistente na incapacidade processual ou na irregularidade da representação da parte. Merece destaque o art. 321 do CPC/15, que impõe ao juiz o dever de franquear à parte a oportunidade de corrigir defeitos na petição inicial, no prazo de quinze dias. Trata-se de hipótese em que o juiz, detectando um defeito que poderia conduzir ao indeferimento da inicial, adverte e indica ao autor o que deve ser suprido, de modo a viabilizar que a sua pretensão seja adequadamente processada e julgada.

No âmbito recursal, encontra-se a regra do art. 1.007, § 2º, do CPC/15, que impõe a prévia intimação da parte para suprir a insuficiência no valor do preparo, no prazo de cinco dias. Somente se descumprida tal determinação é que se poderá decretar a deserção do recurso. Outro exemplo do dever de prevenção é encontrado no art. 1.017, § 3º, do CPC/15, que determina ao relator do recurso o dever de conceder prazo para que o recorrente supra a falta da cópia de alguma peça que deveria ter instruído o agravo ou algum outro vício que comprometa a admissibilidade do agravo de instrumento. Merece, ainda, referência a incidência do dever de prevenção no âmbito do recurso especial e do recurso extraordinário: "O Supremo Tribunal Federal ou o Superior Tribunal de Justiça poderá desconsiderar vício formal de recurso tempestivo ou determinar sua correção, desde que não o repute grave" (art. 1.029, § 3º, do CPC/15).

4.1.3. Dever de consulta (ou de diálogo)

O dever de consulta, exigível ao longo de todo o procedimento, impõe ao juiz o poder-dever de ouvir as partes antes da prolação de qualquer decisão. Trata-se de uma potencialização do princípio do contraditório, que integra a noção de processo equitativo previsto na Constituição (art. 20, n. 4). O dever de consulta destina-se a impedir que o tribunal profira "decisões-surpresa"[25], assim consideradas as decisões que adotem fundamentos de fato ou de direito inéditos, isto é, que não foram submetidos ao prévio debate pelas partes.[26]

Essa exigência do prévio contraditório impõe-se, inclusive, em relação àquelas matérias que podem ser conhecidas de ofício (art. 3º, n. 3)[27], incidindo durante toda a tramitação da causa.

O Supremo Tribunal de Justiça, ao interpretar o sentido da regra do art. 3º, n. 3, do CPC, definiu que as partes devem ser advertidas previamente acerca da potencialidade de inversão do ônus da prova, de modo a lhes permitir "gerir o

---

25. REGO, *Comentários...*, p. 269.
26. "O dever de consulta, exigível ao longo de todo o procedimento, tem por finalidade impedir que o magistrado profira decisões com base em questões, de facto ou de direito (mesmo as que sejam de conhecimentos oficioso), sem que tenha sido possibilitada às partes a oportunidade de sobre elas se pronunciarem" (Supremo Tribunal de Justiça, processo 3368/06.1TVLSB.L1.S1, relator Henrique Araújo, julgado em 22/05/2018).
27. O sistema processual civil alemão também permite extrair da cooperação o dever de evitar surpresa. José Carlos Barbosa Moreira, ao interpretar o § 139 ZPO, conclui que "em princípio é vedado ao tribunal colocar-se, para fundamentar sua decisão, em ponto de vista estranho ao das partes, por elas considerado irrelevante ou por ambas valorado de maneira diferente da que parece correta ao órgão judicial, a menos que este lhes faça a respectiva indicação e lhes dê ensejo de manifestar-se (2ª alínea)" (MOREIRA, José Carlos Barbosa. Breve notícia sobre a reforma do processo civil alemão. *Temas de direito processual (oitava série)*. São Paulo: Saraiva, 2004, p. 202). Renato Beneduzi, amparando-se em referências doutrinárias alemãs mais recentes, reafirma a incidência do dever de cooperação como forma de evitar surpresas no processo alemão: "O § 139 (3) ZPO exige do tribunal, por exemplo, que alerte as partes sobre pontos cognoscíveis de ofício sobre os quais elas ainda não tenham falado, dando-lhes oportunidade de se manifestar em tempo" (BENEDUZI, *Introdução...*, p. 84).

esforço probatório que lhe é exigível e a evitar uma decisão-surpresa".[28]

No CPC brasileiro, o dever de consulta está retratado na conjugação de duas principais regras: art. 9º, que exige a prévia oitiva das partes para somente então proferir a decisão; art. 10, que impede a prolação de decisão sobre fundamento que as partes não tiveram a oportunidade de se manifestar, ainda que seja matéria cognoscível de ofício.

Trata-se de reconhecer que o prestígio ao princípio do contraditório assegura aos litigantes o poder de influenciar na solução da controvérsia.[29]

Contudo, é possível identificar outras hipóteses em que o legislador fez questão de explicitar a necessidade de se franquear o prévio debate às partes, de modo a respeitar o princípio constitucional do contraditório e legitimar a tomada de decisão. Essa intenção está traduzida no parágrafo único do art. 493 do CPC/15: "Se constatar de ofício o fato novo, o juiz ouvirá as partes sobre ele antes de decidir".

Ao contrário do que poderia parecer em um primeiro contato com tais regras, o estabelecimento do diálogo com as partes reforça a imparcialidade do julgador, pois lhe permite formar adequadamente a sua convicção acerca do tema a ser decidido. Tampouco se sustentaria a invocação da duração razoável do processo como forma de eliminar (ou minimizar) a incidência do dever de consulta. A prévia oitiva das partes,

---

28. Supremo Tribunal de Justiça, processo 318/05.6TVPRT.P1.S1, relator Tomé Gomes, julgado em 24/05/2018.

29. OLIVEIRA, Carlos Alberto Alvaro de. *Poderes do juiz e visão cooperativa do processo*. Separata da Revista da Faculdade de Direito da Universidade de Lisboa, volume XLIV, n.ºs 1 e 2, Coimbra Editora, 2003, p. 187.

além de ter amparo no princípio constitucional do contraditório, assegurará na maioria dos casos um ganho de tempo, pois a construção de decisões acertadas tende a evitar a interposição de múltiplos recursos.

4.1.4. Dever de auxílio

O *dever de auxílio* consiste na atuação do juiz no sentido de ajudar as partes na superação de obstáculos que lhes dificultem ou impeçam o exercício das faculdades processuais (art. 7º, n. 4).[30] O juiz então deverá exercer o poder-dever de auxílio não apenas nos casos de absoluta impossibilidade de a parte obter informações ou documentos necessários à sua atuação processual, mas também quando o "sacrifício imposto à parte para os alcançar se configure como claramente desproporcionado e, como tal, não exigível".[31]

A afirmação deste dever, como decorrência da cooperação, não guarda relação com um caráter assistencial a uma parte economicamente necessitada. Trata-se efetivamente de admitir uma intervenção técnica do juiz, com o objetivo de eliminar obstáculos ao exercício das garantias processuais. Tal auxílio, portanto, poderá ser concretamente concedido em favor da parte que detenha melhores condições financeiras. Essa faceta da cooperação destina-se a promover uma adequação objetiva do processo às peculiaridades do litígio.[32]

---

30. SOUSA, *Estudos...*, p. 67.
31. REGO, *Comentários...*, p. 268.
32. Essa é a conclusão atingida por Eduardo Talamini, com a qual concordamos e entendemos ser aplicável tanto ao processo civil português quanto ao processo civil brasileiro (TALAMINI, Eduardo. Cooperação no novo CPC (primeira parte): os deveres do juiz. https://www.migalhas.com.br/dePeso/16,MI226236,41046-Cooperacao+no+novo+CPC+primeira+parte+os+deveres+do+juiz) – acessado em 10/01/2019.

No processo português, a concretização do dever de auxílio está traduzida, por exemplo, na possibilidade de correção pelo juiz da qualificação do meio processual utilizado pela parte (art. 193, n. 3) ou na autorização para que o juiz da causa, oficiosamente ou a requerimento, determine a prestação de informações ao tribunal, quando as considere fundamentais à justa composição da lide (art. 418, n. 1).

Parte da doutrina brasileira tende a não aceitar que o CPC de 2015 tenha adotado um dever geral de auxílio no sistema brasileiro.[33] Contudo, ninguém duvida que o CPC brasileiro contém regras típicas, que traduzem a preocupação do legislador com o dever de auxílio em determinadas situações. É o que se infere da regra do art. 373, § 1º, do CPC/15, que autoriza ao juiz a atribuição do ônus da prova de forma diversa da regra geral (art. 373, incisos I e II), nos casos em que as peculiaridades da causa impliquem a impossibilidade ou extrema dificuldade de a parte cumprir os seus encargos probatórios.

Podem igualmente ser citadas como hipóteses legais do dever de auxílio o poder do juiz de dilatar prazos processuais ou inverter a ordem das provas (art. 139, inciso VI), de ampliar os prazos previstos na lei (art. 139, inciso VI, e art. 437, § 2º) e de determinar o fornecimento, em prazo razoável, de informações relacionadas ao objeto da execução (documentos e dados).

4.1.5. Dever de inquisitoriedade

O *dever de inquisitoriedade*, reconhecido mais recentemente pela doutrina, impõe ao tribunal o poder-dever de empregar os poderes inquisitórios que lhe são conferidos por lei.

---

33. DIDIER JR., Fredie. *Curso de direito processual civil.* 17. ed., Salvador: Juspodivm, 2015, v. 1, p. 131.

É o que ocorre, por exemplo, no caso de o juiz suspeitar de que uma pessoa, que as partes não arrolaram como testemunha, detém conhecimento de fatos relevantes para a solução do litígio. Valendo-se de seus poderes inquisitórios em matéria probatória (art. 411), o juiz deve convocar esse sujeito para depor.[34]

4.2. Incidência da cooperação sobre a fase instrutória e seus limites

O art. 417 do CPC consiste na projeção do princípio da cooperação sobre a fase de produção de provas. Determina que todas as pessoas, sejam ou não partes na causa, têm o dever de colaborar mediante o oferecimento de resposta ao que lhes for perguntado, a submissão a inspeções, a apresentação do que lhe for solicitado e a prática dos atos que lhes forem determinados (art. 417, n. 1). Tal dever de cooperação vinculará inclusive a parte "que não está onerada com a prova".[35]

O dever de cooperar na fase de instrução não pode ser compreendido como um dever da parte de produzir espontaneamente provas. Tampouco pode ser entendido como um dever de produzir provas em favor do adversário (cujo ônus recai sobre a parte *ex adversa*).

A produção de provas pelas partes situa-se no terreno do ônus. Disso decorre que a parte deve se dedicar a produzir

---

34. SOUSA, Miguel Teixeira de. Omissão do dever de cooperação do tribunal: que consequências?, in https://www.academia.edu/10210886/M._TEIXEIRA_DE_SOUSA_Omiss%C3%A3o_do_dever_de_coopera%C3%A7%C3%A3o_do_tribunal_que_consequ%C3%AAncias_01.2015_ Acesso em 19.12.2016.
35. SOUSA, *Estudos...*, p. 64.

todas as provas necessárias à demonstração de suas alegações, sob pena de assumir o risco de uma decisão desfavorável (não acolhimento de sua pretensão). Mas o dever de cooperar não guarda relação com as regras sobre distribuição de ônus da prova.

A cooperação na fase instrutória relaciona-se, efetivamente, com o dever de a parte e terceiros cumprirem ativa (praticando atos) ou passivamente (submetendo-se a inspeções) as determinações impostas pelo julgador.

É o que ocorre, por exemplo, com o dever de apresentar documentos ou monumentos (arts. 428 a 431 e 416), de submeter-se à inspeção judicial (art. 490, n. 1) e ao exame pericial, bem como de prestar depoimento (art. 452).[36]

Trata-se, portanto, de um dever de a parte não criar embaraços à atividade probatória. Sob essa perspectiva, a colaboração aproxima-se do dever de boa-fé[37], que norteia a atividade das partes no processo – com especial incidência na fase de produção de provas.

Tais premissas permitem concluir que a regra geral será no sentido de que ninguém pode se escusar de colaborar para a "descoberta da verdade" (art. 417 do CPC) ou, em termos mais precisos, para a "demonstração da realidade dos factos" (art. 341 do Código Civil).

---

36. Esses são os exemplos trazidos por Lebre de Freitas, o qual esclarece que o termo *inspeções*, referido no art. 417, abrange também o exame pericial (art. 480), e que "para exame de letra deve a parte escrever as palavras que lhe forem solicitadas (art. 482-1)" (FREITAS, *Introdução...*, p. 188-189).

37. PEREIRA, Fernando Silva. Princípio da cooperação e dever jurídico de colaboração probatória – uma análise à luz do novo Código de Processo Civil. *Revista da Faculdade de Direito da Universidade do Porto*. Ano X, 2013, p. 118.

Contudo, há três principais hipóteses em que o sujeito está autorizado a se recusar a colaborar: quando o atendimento da determinação implicar (*i*) violação da integridade física ou moral das pessoas; (*ii*) intromissão na vida privada ou familiar, no domicílio, na correspondência ou nas telecomunicações; (*iii*) violação do sigilo profissional ou de funcionários públicos, ou do segredo de Estado.

Essas hipóteses estabelecem dois limites muito bem definidos: respeito aos *direitos fundamentais* e respeito ao *direito ou dever de sigilo*.[38]

O primeiro limite determina que não será exigível a cooperação quando a obtenção da prova ou a sua produção em juízo caracterizar violação de direitos fundamentais. Trata-se de limite mais amplo do que o previsto no art. 417, n. 3, '*a*' e '*b*', do CPC. Essa baliza é extraída no art. 32, n. 8, da Constituição, aplicável ao processo civil,[39] que determina a nulidade das provas obtidas por meios ilícitos, imorais ou com intromissão abusiva na vida privada, no domicílio, na correspondência ou nas telecomunicações.

38. FREITAS, *Introdução...*, p. 189; BRANCO, *A prova...*, p. 225.

39. FREITAS e ALEXANDRE, *Código...*, v. 2, p. 223. Em sentido contrário, reputando inaplicável ao processo civil a garantia do art. 32, n. 8, da Constituição, confira-se: BRANCO, *A prova...*, p. 217.

Não se ignora que, em algumas hipóteses, a doutrina[40] e os Tribunais[41] têm admitido a utilização de provas ilícitas no processo, mediante um juízo de ponderação de valores (direito violado *vs* direito que se pretende tutelar).

Especificamente no caso do exame para a aferição da filiação, merece referência o posicionamento de Paula Costa e Silva, que concluiu ser admissível determinar-se, de forma coercitiva, a realização do exame de DNA, o que poderia ser feito pela coleta de um fio de cabelo, amostra de saliva ou de uma picada para a obtenção de uma gota de sangue. Nesse caso, não seria legítima a recusa do sujeito em cooperar com a atividade probatória. A sua submissão ao exame, nas ações em que se discuta filiação fundada em derivação genética, não caracterizaria violação dos direitos fundamentais de quem quer que fosse – nem mesmo dos direitos à liberdade ou à integridade física. Mas mesmo que caracterizasse alguma espécie de violação desses direitos, ainda assim a realização coercitiva do exame seria legítima, na medida em que se revelaria fundamental ao exercício do direito à identidade pessoal.[42]

40. SILVA, Saneamento..., p. 256; SILVA, Paula Costa e; REIS, Nuno Trigo dos. *Efeitos lícitos da prova ilícita em processo estadual e arbitral.* Lisboa: AAFDL, 2019, p. 70-76; CAMPOS, Sara Rodrigues. *(In)admissibilidade de provas ilícitas*: dissemelhança na produção de prova no direito processual? Coimbra: Almedina, 2018, p. 115; BRANCO, *A prova*..., p. 297. No Brasil, sobre o tema, confira-se: AMARAL, *Provas*..., p. 246-271.

41. Tribunal da Relação de Lisboa, processo 744/14.0T8SXL-B.L1-7, relator Roque Nogueira, julgado em 12/01/2016; Tribunal da Relação de Évora, processo 4375/12.0TBPTM-B.E1, relator Albertina Pedroso, julgado em 28/02/2019.

42. SILVA, Paula Costa e. A realização coercitiva de testes de ADN em acções de estabelecimento da filiação. *Estudos de Direito da Bioética*. Coimbra: Almedina, 2005, p. 185-186. Alberto dos Reis, muito antes do CPC de 2013, já sustentava a necessidade de as partes se submeterem a inspeções e exames, com fundamento na cooperação em sede probatória (REIS, *Código*..., vol.

O segundo limite ao dever de cooperar reside na preservação do direito ou dever de sigilo. Por expressa determinação contida no art. 417, n. 4,[43] os contornos desses limites podem ser aferidos a partir dos arts. 135 (ministros de religião ou confissão religiosa e os advogados, médicos, jornalistas, membros de instituições de crédito e as demais pessoas a quem a lei permitir ou impuser que guardem segredo profissional)[44], 136 (segredo de funcionário, relativo a fatos que constituam segredo e de que teve conhecimento no exercício de sua função) e 137 (segredo de Estado, que abrange fatos cuja revelação possa causar dano à segurança, interna ou externa, do Estado Português ou à defesa da ordem constitucional), do Código de Processo Penal.

Havendo dúvida quanto à escusa, o juiz promoverá as investigações necessárias e então proferirá decisão. A recusa em colaborar fundada em segredo de Estado se submeterá a um regime peculiar: se o juiz considerar injustificada a recusa, deverá comunicar para a confirmação da recusa, conforme o caso, a entidade detentora do segredo (art. 11, n. 2, da Lei

3, p. 321). Lebre de Freitas e Isabel Alexandre afirmam não ser legítima a recusa à realização dos exames hematológicos em ação relativa à filiação, mas rejeitam a possibilidade de execução coercitiva desses exames; nesse caso, a recusa será valorada em termos probatórios (FREITAS e ALEXANDRE, *Código...*, vol. 2, p. 225).

43. Dispõe o art. 417, n. 4, do CPC: "Deduzida escusa com fundamento na alínea c) do número anterior, é *aplicável*, com as adaptações impostas pela natureza dos interesses em causa, *o disposto no processo penal acerca da verificação da legitimidade da escusa e da dispensa do dever de sigilo invocado*".

44. Para fins de caracterização de recusa legítima ao dever de cooperar no âmbito probatório, a doutrina considera que o dever de preservar o "sigilo bancário" está abrangido na hipótese do "segredo profissional" (MENDES e SOUSA, *Manual...*, v. 1, p. 509).

Orgânica 2/2014)[45] ou o Primeiro-Ministro (art. 33, n. 2, da Lei 30/1984)[46].

O art. 378 do CPC brasileiro apresenta disposição semelhante à regra do art. 417 do CPC português: "Ninguém se exime do dever de colaborar com o Poder Judiciário para o descobrimento da verdade".

Essa regra do CPC brasileiro deve ser interpretada em consonância com a disposição constante do art. 379 do CPC de 2015, que prevê exceção ao dever de cooperação: "Preservado o direito de não produzir prova contra si própria, incumbe à parte: I – comparecer em juízo, respondendo ao que lhe for interrogado; II – colaborar com o juízo na realização de inspeção

45. Dispõe o art. 11 da Lei Orgânica 2/2014 (Regime do Segredo de Estado): "1 — Ninguém com conhecimento de matérias abrangidas pelo segredo de Estado chamado a depor ou a prestar declarações perante autoridades judiciais ou comissões de inquérito parlamentar os pode revelar total ou parcialmente. 2 — Se a autoridade judicial ou a comissão de inquérito parlamentar considerar injustificada a recusa em depor ou prestar declarações, nos termos do número anterior, comunica o facto à entidade detentora do segredo, que justifica a manutenção ou não da recusa."

46. Dispõe o art. 33 da Lei 30/1984 (Lei Quadro do Sistema de Informações da República Portuguesa): "1 – Nenhum funcionário, agente ou dirigente dos serviços de informações, das estruturas comuns e do gabinete do Secretário-Geral chamado a depor ou a prestar declarações perante autoridades judiciais pode revelar factos abrangidos pelo segredo de Estado e, no tocante aos factos sobre os quais possa depor ou prestar declarações, não deve revelar as fontes de informação nem deve ser inquirido sobre as mesmas, bem como sobre o resultado de análises ou sobre elementos contidos nos centros de dados ou nos arquivos. 2 – Se a autoridade judicial considerar injustificada a recusa do funcionário, agente ou dirigente dos serviços de informações em depor ou prestar declarações adotada nos termos do número anterior, comunicará o facto ao Primeiro-Ministro, que confirmará ou não tal recusa. 3 – A violação pelo funcionário ou agente do dever previsto no n.º 1 constitui falta disciplinar grave, punível com sanção que pode ir até à pena de demissão ou noutra medida que implique a imediata cessação de funções do infrator, sem prejuízo do disposto nos artigos 28.º e 30.º"

judicial que for considerada necessária; III – praticar o ato que lhe for determinado". Em uma análise apressada, poder-se-ia concluir que a expressão "Preservado o direito de não produzir prova contra si própria" conduziria à desnecessidade de a parte colaborar na fase instrutória, toda vez que a sua colaboração conduzisse a um resultado probatório contrário aos seus interesses.

Obviamente, não é essa a adequada interpretação do dever de cooperação na fase instrutória.

De um lado, o art. 5º, LXIII, da Constituição brasileira garante ao acusado o direito ao silêncio ("permanecer calado")[47], com o objetivo de evitar a autoincriminação no processo penal (art. 186 do CPP brasileiro)[48]. Portanto, em questões criminais, o acusado tem assegurado o direito constitucional ao silêncio.

Contudo, como regra, o direito ao silêncio não incide no processo civil. Ao contrário, a conduta da parte de comparecer à audiência e se recusar a depor (por exemplo, por imaginar que suas respostas farão prova contra ela) autoriza a aplicação da pena de confissão (art. 385, § 1º, do CPC/15). Esse exemplo permite concluir que o art. 379 do CPC/15 não assegurou um direito ao silêncio no processo civil, que dispense a parte de colaborar com a atividade de instrução.

Por outro lado, o princípio da aquisição das provas (ou comunhão das provas), previsto no art. 371 do CPC/15, determina que o julgamento da causa deverá se pautar no material

---

47. Dispõe o art. 5º, LXIII, da Constituição brasileira: "o preso será informado de seus direitos, entre os quais o de permanecer calado, sendo-lhe assegurada a assistência da família e de advogado".

48. Dispõe o art. 186 do Código de Processo Penal brasileiro: "Depois de devidamente qualificado e cientificado do inteiro teor da acusação, o acusado será informado pelo juiz, antes de iniciar o interrogatório, do seu direito de permanecer calado e de não responder perguntas que lhe forem formuladas".

probatório trazido aos autos (conjunto probatório globalmente considerado).[49] Sob essa perspectiva, é irrelevante identificar quem produziu ou efetivamente levou a prova ao conhecimento judicial. Isso torna possível que a prova produzida por uma parte acabe por beneficiar o seu adversário. Tudo vai depender do contexto probatório formado naquele processo.

Portanto, à luz da teoria geral da prova (especialmente, do princípio da aquisição das provas), não se sustentaria a ideia de que a parte estaria dispensada de colaborar com atividade de instrução quando isso pudesse lhe trazer algum resultado probatório desfavorável.

Partindo dessas premissas, entende-se que as partes têm, como regra, o dever de colaborar com o Poder Judiciário na fase instrutória. Obviamente que não recai sobre a parte o ônus (muito menos o dever) de produzir indiscriminadamente toda e qualquer prova. Ela se dedicará a produzir as provas que sejam do seu interesse, de modo a comprovar as alegações que deduziu no processo. Todavia, quando o juiz determinar que a parte produza determinada prova (p. ex., apresente um documento ou compareça para prestar depoimento pessoal), não há dúvida de que ela não poderá se escusar de colaborar com a atividade probatória: caberá a ela cumprir a determinação judicial e produzir a prova.[50]

---

49. Sobre o princípio da aquisição das provas (ou comunhão das provas) no sistema brasileiro, confira-se: AMARAL, *Provas*..., p. 35-36.

50. Vitor de Paula Ramos defende a existência de um *dever de produção de provas*, surgido a partir da inserção do art. 400, par. único, no CPC/2015 (imposição de medidas de força para a exibição judicial de documento), aspecto que, para o autor, "privilegia de forma muito mais direta e eficaz o direito fundamental à prova, pois o juiz detém o poder de ordenar coativamente que as partes produzam provas consideradas relevantes" (RAMOS, Vitor de Paula. *Ônus da prova*

A interpretação conjugada das regras constantes do art. 378 (dever de colaboração na fase instrutória) e do art. 379 (direito da parte de não produzir provas contra si própria) conduz à conclusão de que a parte estará legitimamente dispensada de colaborar com a atividade de produção de provas quando da sua colaboração possa implicar-lhe consequências no âmbito criminal.[51]

Ressalve-se que essa não será a única hipótese em que os sujeitos estarão dispensados de colaborar com a atividade instrutória. Há uma série de dispositivos que autorizam tal recusa, pelos mais variados motivos. Tome-se como exemplo o art. 388 do CPC/15, que afirma não ser a parte obrigada a depor sobre fatos criminosos, a cujo respeito deva guardar sigilo (por estado ou profissão), que impliquem desonra ou coloquem em risco a vida do depoente, de seu cônjuge, de seu companheiro ou de parente em grau sucessível. Também merece referência as hipóteses legais de recusa da parte ou de terceiro em exibir judicialmente documento ou coisa (art. 404 do CPC/15).

---

no processo civil – do ônus ao dever de provar. São Paulo: Revista dos Tribunais, 2015, p. 119).

51. RAMOS, Vitor de Paula. *Código de processo civil anotado*. 3. ed. Rio de Janeiro: LMJ Mundo Jurídico, 2018, p. 562 (comentários ao art. 379 do CPC/15); FERREIRA, William Santos. *Breves comentários ao novo código de processo civil*. 3. ed. São Paulo: Revista dos Tribunais, 2016, p. 1.146 (comentários ao art. 379 do CPC/15). Esse entendimento foi consagrado no Enunciado 51 do Fórum Permanente de Processualistas Civis: "(art. 378; art. 379) A compatibilização do disposto nestes dispositivos com o art. 5º, LXIII, da CF/1988, assegura à parte, exclusivamente, o direito de não produzir prova contra si em razão de reflexos no ambiente penal."

4.3. Incidência da cooperação sobre a prova por declarações de parte

O art. 466, n. 2, do CPC dispõe que às "declarações das partes aplica-se o disposto no artigo 417". Como visto, o art. 417 consagra o dever de cooperação na fase de instrução.

Numa primeira aproximação, poder-se-ia reputar desnecessária a determinação específica no sentido de que o princípio da cooperação incide sobre a prova por declarações de parte. Afinal, há regra expressa afirmando a aplicação da cooperação a toda a fase de instrução (art. 417). Como a prova por declarações de parte foi inserida no CPC com status de meio de prova (art. 466), não haveria motivo para se duvidar da aplicação de tal princípio à prova por declarações de parte.

Contudo, há razões de natureza histórica que parecem justificar a afirmação expressa da incidência da cooperação à prova por declarações de parte.

Na vigência do CPC de 1961, o juiz poderia convidar as partes a prestar esclarecimentos sobre a matéria de fato ou sobre a matéria de direito da causa (art. 266, n. 2). Tratava-se de poder-dever decorrente do princípio da cooperação, que também encontrava projeção específica na fase de instrução (art. 519).

Aquela convocação, com fundamento na cooperação, ocorria independentemente da posição da parte na causa (em termos de ônus probatório sobre o fato a ser esclarecido), pois se destinava a remover uma dúvida do próprio julgador, cuja superação era imprescindível à correta solução do litígio.[52]

52. REGO, *Comentários...*, p. 267.

Contudo, naquela época persistia relevante dúvida sobre a possibilidade de esses esclarecimentos, prestados pela parte com fundamento no art. 266 do CPC, assumirem finalidade probatória.

José Lebre de Freitas dedicou-se a investigar a finalidade dos esclarecimentos prestados pela parte, a partir da convocação realizada nos termos do art. 266 do CPC de 1961. Concluiu que os esclarecimentos referidos no art. 266 não se confundiam com as informações a que se referia o art. 519 do CPC de 1961, mesmo quando relacionadas à matéria de fato. Na sua visão, a regra do art. 266 autorizaria o juiz a obter *esclarecimento sobre as alegações* fáticas deduzidas no processo e sobre os fundamentos de direito do pedido e das exceções. O art. 519, por sua vez, envolveria hipótese de cooperação consistente na prestação de informações com objetivo de *verificação dos fatos da causa*, isto é, com finalidade probatória.[53]

Partindo dessas premissas acerca da cooperação, seria possível estabelecer a seguinte diretriz geral sobre a eficácia probatória das informações prestadas oralmente pelas partes no

53. FREITAS, José Lebre de; REDINHA, João; PINTO, Rui. *Código de processo civil anotado (vol. 1 – artigos 1.º a 380.º-A)*. 2. ed., Coimbra: Coimbra Editora, 2008, p. 514-515. Alberto dos Reis, ao investigar a função das informações e dos esclarecimentos prestados pela parte na vigência do CPC de 1939 (que continha previsão equivalente ao art. 265 do CPC de 1961), concluiu que se o juiz tiver determinado o comparecimento da parte para lhe pedir informações e esclarecimentos, as respectivas respostas não terão eficácia probatória. Mas se o juiz mandar a parte comparecer para ouvi-la sobre um fato alegado pelo adversário e lhe deferir o juramento, "a declaração pela qual a parte reconhece a verdade do fato tem o valor de confissão (REIS, *Código...*, vol. 4, p. 131). Na mesma linha, admitindo a possibilidade de a parte confessar em sede de prestação de informações ou esclarecimentos, desde que ela tenha sido ajuramentada, confira-se: VARELA, BEZERRA e NORA, *Manual...*, p. 566.

processo: somente teriam finalidade probatória as informações prestadas pela parte em função da cooperação estabelecida a partir do art. 519 do CPC de 1961. Caso contrário, a cooperação da parte, com fundamento no art. 266, representaria apenas um dever de prestar esclarecimentos ao juiz sobre as alegações deduzidas – o que não excluía a eventual possibilidade de essa conduta da parte resultar em confissão.

O panorama normativo alterou-se parcialmente com o advento do CPC de 2013. Persistiram as regras geral de cooperação no art. 7º e a específica para a fase instrutória (art. 417), cujas bases estabelecidas ao tempo do CPC de 1961 permanecem as mesmas.

Todavia, a oralidade foi potencializada por meio da afirmação do direito da parte de requerer que ela própria tenha a oportunidade de prestar suas declarações diretamente ao julgador. Esse direito, hoje reconhecido pelo art. 466 do CPC, não existia ao tempo do CPC de 1961.

Paralelamente à consagração da prova por declarações de parte, inseriu-se no CPC de 2013 o art. 452, n. 1, do CPC, que permite ao juiz determinar, em qualquer estado do processo, o comparecimento das partes para prestar depoimento, informações ou esclarecimentos sobre fatos que interessem à decisão da causa. A jurisprudência tem interpretado do seguinte modo a regra do art. 452, n. 1: "É verdade que o juiz pode ordenar, nos termos do nº 1 do artigo 452º do NCPC, em qualquer estado do processo, a prestação de informações ou esclarecimento mas, ao contrário do que sucede com as declarações de parte, *sem finalidade probatória*." [54]

54. Tribunal da Relação de Lisboa, processo 2022/07.1TBCSC-B.L1-2, relatora Ondina Carmo Alves, julgado em 10/04/2014.

A expressa remissão ao art. 417 também é encontrada no âmbito da prova documental (art. 430). Naquele caso, destacou-se especificamente que a omissão do notificado em apresentar o documento sujeita-se à livre apreciação judicial, nos termos do art. 417, n. 2. Com isso, o dispositivo entrou em consonância com o art. 357, n. 2, do Código Civil e reafirmou a substituição da antiga cominação da *ficta confessio* (ocorrida na revisão de 1967 do CPC de 1961) pela livre apreciação da recusa da parte em colaborar com a produção da prova documental. Muito embora o art. 430 remeta-se apenas à regra contida no n. 2 do art. 417, entende-se que isso não exclui as demais consequências previstas no art. 417 – inclusive a inversão do ônus da prova, prevista no art. 344, n. 2, do Código Civil.[55]

A partir dessas premissas pode-se identificar algumas justificativas para a previsão expressa da incidência do princípio da cooperação especificamente à prova por declarações de parte.

4.3.1. Finalidade probatória das declarações da parte

As informações prestadas em sede de prova por declarações de parte, favoráveis ou desfavoráveis aos interesses da parte depoente, serão valoradas probatoriamente pelo julgador.

Isso permite distingui-las das informações prestadas mediante a cooperação estabelecida a partir do atual art. 7º, da convocação da parte para *responder o que lhe for perguntado* (art. 417) ou para prestar informações ou esclarecimentos (art. 452, n. 1). Também não guarda identidade com o de-

55. FREITAS e ALEXANDRE, *Código...*, v. 2, p. 248-249.

poimento pessoal, que é requerido pela outra parte e com o objetivo principal de se obter a confissão. Por outro lado, não se ignora que a cooperação com base no art. 417 possa assumir finalidade probatória – a exemplo do que ocorria com o art. 519 do CPC revogado.

Mas nenhuma dessas hipóteses de cooperação – ou mesmo o depoimento de parte – aproxima-se da amplitude probatória assumida pela prova por declarações de parte. Tal meio de prova permite transmitir diretamente ao juiz, com declarada finalidade específica de constituir prova em favor da parte depoente (quando requerida pela parte), o conhecimento que detém sobre os fatos em que interveio pessoalmente ou de que teve conhecimento direto.

A ausência de finalidade probatória das informações prestadas pela parte mediante cooperação é também verificada em outros ordenamentos.

No Brasil, o inciso VIII do art. 139 do CPC/15 estabelece que o juiz pode "determinar, a qualquer tempo, o comparecimento pessoal das partes, para inquiri-las sobre os fatos da causa, hipótese em que não incidirá a pena de confesso".

Trata-se do interrogatório da parte, que já encontrava previsão no art. 342 do CPC/73. Criticava-se, ao tempo do Código revogado, a inserção do interrogatório na seção destinada ao depoimento pessoal. Afinal, a doutrina majoritária sempre reconheceu se tratar de figura inconfundível com o depoimento pessoal e sem finalidade probatória.

No CPC/15 o interrogatório foi inserido na parte geral do Código, especificamente no capítulo que define os poderes, deveres e responsabilidades do juiz. Foi corretamente desvinculado do depoimento pessoal, na medida em que traduz indisfarçável dever de esclarecimento, fundado no princípio da cooperação por iniciativa do juiz (art. 6º do CPC/15).

O interrogatório permanece cabível "toda vez que o magistrado reputar oportuno ouvir as partes, tanto faz que seja para esclarecer-se ou para esclarecê-las, não só poderá como deverá convocá-las à sua presença".[56] A ausência de finalidade probatória do interrogatório é reforçada pela ressalva de que o não comparecimento da parte não implicará "a pena de confesso", isto é, não caracterizará admissão de fato contrário ao seu interesse e favorável ao adversário. Mas evidentemente que essa conduta não cooperativa da parte será sancionada com a aplicação de multa (art. 77, § 2º, do CPC/15).

A mesma situação parece ocorrer no direito italiano, em que coexistem o *interrogatorio formale* e o *interrogatorio libero*.[57]

O *interrogatorio formale* equivale ao depoimento de parte do processo civil português: é um meio de prova, em que a parte requer o comparecimento da outra parte para depor, com o objetivo principal de obter a confissão.

O *interrogatorio libero (ou interrogatorio di chiarificazione)* está previsto no art. 117 do CPC italiano. Caracteriza-se por ser de iniciativa do juiz que, em qualquer fase do processo, pode ordenar o comparecimento das partes, de modo que sejam interrogadas sobre os fatos da causa.

---

56. ARAGÃO, *Exegese...*, vol. 4, tomo 1, p. 145.

57. Sobre o tema, confira-se: CAPPELLETTI, *La testimonianza...*, vol. 1, p. 198-208; PISANI, Andrea Proto. *Lezione di Diritto Processuale Civile*. 5. ed. Napoli: Jovene Editore, 2012, p. 95-96; LEANZA, Piero. *Le Prove Civili*. Nuova Edizione. Torino: G. Giappichelli Editore, 2012, p. 253; LIEBMAN, Enrico Tullio. *Manuale di Diritto Processuale Civile*. 7. Ed. Milão: Giuffrè Editore, 2007, p. 365-366; MANDRIOLI, Crisanto. *Corso di Diritto Processuale Civile. II – Il Processo di Cognizione*. 9. ed. Torino: G. Giappichelli Editore, 2011, p. 174; BIANCHI, Giorgio. *La Prova Civile. Onere e ammissibilità della prova nem Codice civil*. Padova: Cedam, 2009, p. 172-173; CONTE, Mario. *Le prove nel processo civile*. Milão: Giuffrè Editore, 2002, p. 173-189.

Assemelha-se mais diretamente com o exercício da cooperação[58], na perspectiva do dever de esclarecimento, podendo o interrogado fornecer informações favoráveis ou desfavoráveis a si. Em qualquer caso as informações prestadas pela parte poderão contribuir para a formação do convencimento do juiz ou para uma tentativa de eventual conciliação. Persiste sempre a ressalva acerca da baixa eficácia probatória (*argomenti di prova*) das afirmações favoráveis a si e desfavoráveis ao adversário.

4.3.2. Iniciativa da prova por declarações de parte e o princípio da cooperação

Normalmente será da parte a iniciativa da produção da prova por declarações de parte. Recairá sobre ela o ônus de identificar eventual fragilidade das provas produzidas em seu favor e requerer o seu comparecimento com o objetivo de robustecer o conjunto probatório. Como visto, não há vedação a que o juiz também determine a realização desta prova. Não há nada que exclua a incidência de seus poderes inquisitórios em relação a esse meio de prova.

A determinação de que a parte deve cooperar na produção da prova por declarações impede que ela se sinta autorizada a falar apenas o que lhe for conveniente, silenciando acerca dos fatos que não lhe interesse responder.[59] O fato de recair com maior frequência sobre a parte a iniciativa da produção desta prova não a legitima a conduzir as declarações da forma que repute mais favorável a si. Deferida a prova, deverá comparecer e responder adequadamente tudo que lhe for questionado.

---

58. ROSSI, Maria Luisa. *Il comportamento delle parti nel processo*. Milão: Giuffrè, 2003, p. 80.

59. CARVALHO, *Os temas...*, p. 219.

Isabel Alexandre identifica o seguinte sentido na remissão do art. 466, n. 2, para o art. 417 do CPC: "tendo requerido a sua audição pelo tribunal, a parte não poderá depois recusar-se a responder, ou mentir".[60]

A remissão contida no art. 466, n. 2 permite aplicar à prova por declarações de parte as mesmas hipóteses em que se dispensa a parte de prestar depoimento (art. 454, n. 2): "sobre factos criminosos ou torpes, de que a parte seja arguida".[61]

Deferida a produção da prova, portanto, todos os deveres decorrentes do princípio da cooperação incidirão na mesma intensidade que incidiriam sobre qualquer outro meio de prova.

4.3.3. Incidência da cooperação como reforço da função probatória das declarações

A finalidade probatória das declarações de parte, aliada à iniciativa da parte (e, por vezes, do juiz) em requerer a produção da prova, permitem concluir que a expressa referência à cooperação assume também caráter didático.

De um lado, destina-se a deixar claro que as declarações de parte constituem um meio de prova autônomo, que não se confunde com os esclarecimentos prestados em sede de cooperação nem como o depoimento de parte (cuja finalidade é diversa).

Por outro lado, contribui para uma mudança de mentalidade. A prova por declarações de parte foi concebida

---

60. ALEXANDRE, A fase..., p. 286. Na mesma linha: GERALDES, PIMENTA e SOUSA, *Código...*, v. 1, p. 531.
61. SOUSA, As declarações..., p. 13.

em um ambiente de oralidade, no âmbito do qual ela deve coexistir com outros três regimes distintos de transmissão de informações diretamente ao julgador: cooperação, depoimento de parte, vedação da parte como testemunha. A necessidade desta mudança de mentalidade se revela a partir do esforço da doutrina no sentido de afirmar a incidência, esclarecer a disciplina e definir o alcance da cooperação na atividade instrutória – tal como ocorre no art. 430 do CPC, em que há remissão expressa restrita ao caso da omissão da parte em apresentar documentos.

Em última análise, trata-se de reafirmar a incidência integral da disciplina decorrente da cooperação na fase instrutória à prova por declarações de parte e de reconhecer, a partir de tal preocupação do legislador, que as partes possuem um papel relevante no processo de construção da decisão judicial.

Essa contribuição da parte se revela não apenas quando debate com o juiz no sentido de auxiliá-lo a compreender os contornos da causa[62] e contribuir para uma decisão justa. Expressa-se também por meio da finalidade probatória das declarações prestadas em favor ou contra a parte declarante, que terão o efeito de contribuir com a adequada formação do convencimento judicial.

4.4. Descumprimento do dever de cooperação pela parte: consequências

O art. 466 do CPC, com visto, faz remissão expressa ao art. 417 do mesmo Código. Com isso, elimina qualquer dúvida sobre a submissão da prova por declarações de parte

62. SILVA, Saneamento..., p. 236.

às regras sobre colaboração em sede de instrução. Isso assume especial relevância em virtude das hipóteses legais de recusa (já examinadas em tópico precedente) e das consequências decorrentes do descumprimento do dever de cooperar.

Afinal, muito embora a fase probatória seja informada pelo dever de cooperação (que vincula as partes e terceiros), é fundamental que elas saibam de antemão quais serão as consequências de suas condutas, de modo que possam traçar com segurança suas estratégias e movimentos no processo.[63]

O art. 417 determina que quem, de forma ilegítima, recusar-se a colaborar na fase de produção de provas, pode-se submeter às seguintes consequências: multa, meios coercitivos, valoração da recusa para efeitos probatórios e inversão do ônus da prova (art. 344, n. 2, do Código Civil).

Adiante se demonstrará quem são os destinatários e como deverá incidir cada uma das aludidas consequências. Com isso, será possível traçar um paralelo com o regramento existente, em especial, no sistema brasileiro.

As partes e terceiros que violem o dever de cooperar se submetem à aplicação de multa. O valor das multas e sua cobrança estão disciplinados no Decreto-Lei 34/2008, que instituiu o Regulamento das Custas Processuais.

O art. 27 do Regulamento de Custas Processuais traça as disposições gerais sobre o tema. Determina que sempre que a lei processual previr o cabimento de multa às partes ou intervenientes, ela deverá ser fixada entre 0,5 e 5 UC (Unidade de Conta Processual)[64]. Em casos excepcionalmente graves, a

63. GRADI, Sincerità…, p. 101.

64. Para o ano de 2019, a Unidade de Conta (UC) foi fixada em €102,00.

multa ou penalidade pode atingir o patamar de 10 UC. Salvo disposição em contrário, a multa deverá ser paga em até dez dias após o trânsito em julgado da decisão que a fixou (art. 27, n. 2 e 3; art. 28, n. 1).

Todavia, a omissão grave da parte em relação ao dever de cooperar caracteriza litigância de má-fé[65], punível com multa e com eventual indenização à parte contrária (art. 542, n. 1 e 2, *c*).[66] Nesse caso, a multa será fixada em valor que variará entre 2 e 100 UC, a depender dos reflexos da conduta reprovável e da situação econômica do agente (art. 27, n. 3 e 4). Também nesta hipótese a multa deverá ser paga em até dez dias após o trânsito em julgado da respectiva decisão (art. 28, n. 1).

O juiz poderá impor, cumulativamente à aplicação de multa (qualquer das hipóteses de multa), medidas coercitivas (art. 417, n. 2), de que são exemplos a determinação de apreensão de documentos em posse da parte ou de terceiros (arts. 433 e 437 do CPC) e a ordem para que a testemunha compareça sob custódia (art. 508, n. 4, do CPC).

Adicionalmente à eventual aplicação de multa, se a parte deixar de cooperar na fase de instrução ela também se submeterá a duas consequências probatórias: valoração da conduta e inversão do ônus da prova.

---

65. Sobre a aplicação da disciplina da litigância de má-fé aos sujeitos que se recusem a cooperar no processo, confira-se: SILVA, Paula Costa e. *A litigância de má fé*. Coimbra: Coimbra Editora, 2008, p. 408-410.

66. "(...) a lei processual pune o litigante de má-fé independentemente do resultado a que a sua conduta conduziu uma vez que o dano não é um seu pressuposto operando a mesma oficiosamente só exigindo a formulação de um pedido quando esteja em causa a atribuição de uma indemnização à contra parte, o que nos presentes autos ocorre" (Tribunal da Relação do Porto, processo 980/16.4T8PVZ.P1, relatora Ana Paula Amorim, julgado em 07/12/2018).

O juiz apreciará o valor da recusa para efeitos probatórios (art. 417, n. 2). Isso significa que o sistema português permite que o julgador valore livremente o comportamento da parte que se recusa a cooperar na fase de instrução. Essa livre avaliação será concretamente realizada mediante o confronto da recusa da parte com o resultado das demais provas produzidas no processo, o que permitirá ao julgador formar o seu convencimento acerca da matéria de fato.[67] Essa regra geral é reafirmada em outras passagens do Código, como nas hipóteses de (*i*) recusa ilegítima a prestar depoimento ou oferecimento de respostas evasivas (art. 357, n. 2, do Código Civil) e (*ii*) recusa ilegítima em apresentar documentos (art. 430 do CPC).

O direito holandês contém regra específica, que autoriza o juiz a avaliar a legalidade da recusa da parte em prestar seu depoimento. Caso a recusa seja considerada ilegítima, não caberá a imposição de prisão civil como meio de coerção à parte que se recusou a depor. Mas há disposição legal expressa que permite ao juiz valorar a conduta das partes para efeitos probatórios, extraindo da recusa da parte as conclusões que repute adequadas (art. 164 do CPC holandês).[68]

No sistema brasileiro as coisas se passam de forma parcialmente diversa.

Tal como no sistema português, as condutas comissivas ou omissivas praticadas pelas partes no curso do processo também são capazes de auxiliar o juiz na formação do seu convencimento acerca dos fatos discutidos na causa[69].

67. FREITAS e ALEXANDRE, *Código*..., v. 2, p. 222.

68. VAN RHEE, Evidence..., p. 277.

69. "O comportamento das partes, revelado através dos atos que praticam e das atividades que omitem no curso do processo, é fato jurídico que pode apresentar relevância probatória". Por isso, sua eficácia processual "subordina-se apenas, à circunstância de que a legislação processual não repila o princípio da convicção

No entanto, há diferenças fundamentais.

O processo civil brasileiro não admite que a conduta da parte, consistente em se recusar a cooperar na fase de produção de provas, submeta-se à livre valoração pelo juiz para efeitos probatórios. Como se verá, isso será admitido apenas nos casos típicos, em que tais consequências estejam expressamente previstas em lei.

Além disso, não é qualquer conduta da parte que poderá influir na formação do convencimento judicial. É necessário que se trate de conduta processual capaz de possibilitar a construção de um raciocínio lógico suficiente à solução do ponto controvertido da lide[70].

Como regra, essas condutas não poderão ser consideradas isoladamente, mas, analisadas em conjunto com os demais elementos probatórios, poderão subsidiar a conclusão acerca da ocorrência ou não dos fatos alegados.

Não terão, portanto, o condão de servir de prova direta e suficiente do fato, mais se aproximando da prova indiciária, na medida em que servem de ponto de partida para a elucidação dos fatos discutidos no processo[71]. Na doutrina, há quem admita

---

racional do juiz na valoração da prova" (RIGHI, Ivan. *Eficácia probatória do comportamento das partes*. Revista da Faculdade de Direito da Universidade Federal do Paraná, v. 20, 1981, p. 2-3).

70. "Não, porém, a elegância no trato ou a falta de educação, a simpatia ou a antipatia, etc. – neste sentido, nem o pior comportamento possível justifica a sentença desfavorável (...) Interessa, isto sim, o comportamento processual que permite ilações racionais, de conteúdo probatório, úteis para a decisão da lide. Vale dizer, a conduta que – encarada pelo juiz como fato processual – sirva de indício e propicie, mediante o emprego de critério lógico-dedutivo, uma conclusão acerca de questão importante ao equacionamento do litígio" (RIGHI, *Eficácia...*, p. 4).

71. ASSIS, *Processo Civil...*, p. 486.

até mesmo a conduta do advogado como prova atípica capaz de influir no convencimento judicial[72]. Admite-se também a conduta praticada em outro processo, aplicando-se o mesmo regramento da prova emprestada, assim como a conduta de um terceiro ligado às partes[73].

O Código de Processo Civil contém regras que permitem concluir pela possibilidade de admissão da conduta processual da parte como meio de prova, em hipóteses típicas. É o caso do art. 385, §1º, que prevê a aplicação da pena de confissão ficta para a parte que "pessoalmente intimada para prestar depoimento pessoal e advertida da pena de confesso, não comparecer ou, comparecendo, se recusar a depor". A mesma consequência poderá ser aplicada no caso do depoimento prestado com evasivas, e da recusa da parte em responder ao que lhe foi perguntado sem motivo justificado (CPC, art. 386)[74].

---

72. "Não se trata de eficácia jurídica decorrente do princípio da representação, pois o advogado tem o poder de sustentar em juízo, com autonomia, o interesse do cliente, mas, não, o de dispor do mesmo. A parte suporta o efeito da má condução da causa pelo advogado, isto sim, como consequência de ordem prática" (RIGHI, Ivan. *Eficácia...*, p. 7). Ainda: CAMBI, Eduardo. *Conduta processual das partes (e de seus procuradores) como meio de prova e teoria narrativista do Direito*. Disponível em http://www.revistadoutrina.trf4.jus.br/index.htm?http://www.revistadoutrina.trf4.jus.br/artigos/edicao057/Eduardo_Cambi.html – Acesso em 19.12.2016). Em sentido contrário: ASSIS, *Processo Civil...*, p. 487.
73. CAMBI, *Conduta..., passim.*
74. Eduardo Cambi elenca como condutas processuais passíveis de valoração probatória: "i) a negativa de exibir documentos ou coisas; ii) a informação de endereços falsos para evitar intimações; iii) o desconhecimento malicioso de uma assinatura em um documento; iv) a dedução de nulidades e incidentes infundados; v) a ausência voluntária de depósito das custas processuais/antecipação dos honorários do perito; vi) a falta de colaboração maliciosa ou infundada com os peritos; vii) a obstrução injustificada na produção de uma prova; viii) a resistência injustificada de reconhecimento de pessoa ou de coisa; ix) as res-

É o que ocorre, ainda, nos casos em que a jurisprudência reputa que a recusa na realização da coleta de material para exame de DNA é suficiente à constatação da paternidade.[75] Esse entendimento pode se amparar nas regras do art. 232 do Código Civil[76] ou do art. 2º-A, par. único, da Lei 8.560/92 (regula a investigação de paternidade dos filhos havidos fora do casamento).[77]

Encontra-se na jurisprudência brasileira, também, decisão na qual se levou em consideração a conduta da parte autora consistente em, no curso do processo, alterar alegação que havia formulado na inicial quanto ao desaparecimento de valores de variadas contas bancárias. Após a realização de perícia que concluiu que os valores mantidos em parte das contas referidas no processo foram levantados pelos próprios autores, considerou-se, em conjunto com os demais elementos existentes nos autos, que se tratava de conduta passível de va-

---

postas dadas pelas partes ao serem interrogadas ou ao prestarem informações ou quando são demandas pela parte contrária; x) o não comparecimento aos atos processuais; xi) a obstrução ao curso regular do processo; xii) a formulação de impugnações manifestamente improcedentes" (CAMBI. *Conduta...*).

75. "O fato de obstar a realização do exame de DNA, ao impor condições infundadas para sua ocorrência, ou ainda não comparecer no momento aprazado pelo Juízo para a coleta do material hematológico, corresponde à recusa de a ele se submeter, e tal recusa poderá suprir a prova que se pretendia obter com o exame. Embora a presunção de paternidade que surge da recusa ao exame de DNA não seja absoluta, a matéria fática tal como descrita no acórdão impugnado testifica favoravelmente ao pedido do investigante, o que é suficiente para a procedência do pedido" (STJ, REsp 819.588/MS, 3ª T., rel. Min. Nancy Andrighi, *DJe* 03.04.2009).

76. Dispõe o art. 232 do Código Civil: "A recusa à perícia médica ordenada pelo juiz poderá suprir a prova que se pretendia obter com o exame".

77. Dispõe o art. 2º-A, parágrafo único, da Lei 8.560/92: "A recusa do réu em se submeter ao exame de código genético – DNA gerará a presunção da paternidade, a ser apreciada em conjunto com o contexto probatório."

loração a fim de contribuir para a formação do convencimento judicial quanto ao levantamento da integralidade dos valores discutidos na ação[78].

Embora não tenha sido considerada de forma isolada (e nem poderia ser diferente), neste caso a conduta das partes qualificou a prova produzida, reforçando o convencimento judicial formado à luz dos elementos dos autos[79].

A recusa em colaborar com a atividade de produção de provas no processo civil brasileiro caracterizará violação da regra do art. 378 do CPC/15, descumprimento do dever de boa-fé (art. 5º) e submeterá o sujeito à aplicação de multa por ato atentatório à dignidade da justiça (art. 77, inc. 4º, § 2º, do CPC/15)[80] ou à parte por litigância de má-fé (art. 79, incs. IV e V)[81].

O sistema espanhol aproxima-se, nesse ponto, do sistema brasileiro. Determinado o comparecimento da parte para ser interrogada, ela tem o dever de comparecer e de responder com precisão tudo que lhe for perguntado (salvo as hipóteses legais de recusa), em verdadeira atitude colaborativa do interrogado. O não comparecimento injustificado da parte implica dupla

---

78. TJPR, Ap. 908.334-1, 15ª Câmara Cível, j. 08.05.2013, rel. Des. Luiz Carlos Gabardo, DJ 15.07.2013.

79. "A prova crítica, em princípio, é menos valiosa do que a prova direta dos fatos principais. Nada impede, todavia, que a robusteça, atuando como demonstração complementar e influindo na sua valoração. Em outros termos, é possível que o indício apresente-se como 'circunstância qualificadora', capaz de ultimar a fixação de outra prova" (RIGHI, Ivan. *Eficácia...*, p. 8).

80. Essa regra se aplica a "todos aqueles que de qualquer forma participem do processo" (art. 77 do CPC/15).

81. Essa regra se aplica ao sujeito que litigar "como autor, réu ou interveniente" (art. 79 do CPC/15).

consequência: confissão (admissão tácita dos fatos) e multa de 180 a 600 euros (arts. 292.4 e 304, da LEC).[82] Não se tem notícia de que seja possível valorar probatoriamente a conduta não colaborativa da parte.

Retornando ao sistema português, há casos em que a violação pela parte do dever de cooperar foi grave a ponto de tornar impossível a prova do fato pela parte onerada. Isso ocorrerá notadamente em duas situações: quando houver vedação legal à produção de outro meio de prova para aquela situação específica (arts. 313, n. 1, 364, do Código Civil)[83] ou quando concretamente tiver ocorrido a eliminação da fonte prova (p.ex., destruição pelo condutor do automóvel dos indícios de sua culpa no acidente[84]).

Para fazer frente a esses casos graves, o art. 417, n. 2, do CPC remete ao art. 344, n. 2, do Código Civil, que assim dispõe: "2. Há também inversão do ónus da prova, quando

82. COSTAS, Manuel Angel Pereira. Facultades y cargas de la parte interrogada. In: LLUCH, Xavier Abel (diretor). *El interrogatorio de las partes en la Ley 1/2000, de Enjuiciamiento Civil.* Barcelona: Bosch, 2008, p. 113, 119 e 123; SENDRA, *Derecho*..., p. 549-550. Fernando Conde critica duramente a previsão legal de multa para o não comparecimento da parte no interrogatório. Para ele, a *ficta confessio* já seria suficiente para "sancionar" tal conduta da parte, sendo um "absurdo jurídico" a previsão de multa para essa situação (CONDE, *El interrogatorio*..., p. 106-107).

83. Dispõe o art. 313, n. 1, do Código Civil: "1. A presunção de cumprimento pelo decurso do prazo só pode ser ilidida por confissão do devedor originário ou daquele a quem a dívida tiver sido transmitida por sucessão". Já o art. 364, n. 1, do Código Civil determina que "Quando a lei exigir, como forma da declaração negocial, documento autêntico, autenticado ou particular, não pode este ser substituído por outro meio de prova ou por outro documento que não seja de força probatória superior".

84. Exemplo trazido por Lebre de Freitas e Isabel Alexandre (FREITAS e ALEXANDRE, *Código*..., v. 2, p. 223).

a parte contrária tiver culposamente tornado impossível a prova ao onerado, sem prejuízo das sanções que a lei de processo mande especialmente aplicar à desobediência ou às falsas declarações."

Essa regra permite extrair conclusões importantes para o presente trabalho.

A inversão do ônus da prova não se operará de forma automática, como consequência imediata decorrente da recusa da parte em cooperar. Dependerá da aferição, pelo juiz, do preenchimento dos requisitos legais: ausência de cooperação derivada de conduta culposa de uma parte e *impossibilidade* da produção da prova pela outra parte. O requisito da *impossibilidade* da produção da prova ainda é fonte de incertezas.

A partir da literalidade da regra, há quem sustente que o descumprimento culposo do dever de cooperar teria de resultar na *impossibilidade* de produção da prova. Caso contrário, teria ocorrido situação menos grave, o que desencadearia outra consequência probatória: livre apreciação pelo tribunal do valor probatório da recusa da parte em cooperar.[85]

Mas há decisões mais recentes que admitem a inversão não apenas quando a produção da prova se tornou *impossível*, também nos casos de colaboração deficiente ou de conduta

85. REGO, *Comentários...*, p. 455; FREITAS, MACHADO e PINTO, *Código...*, v. 2, p. 409; SOUSA, *Estudos...*, p. 327. Na jurisprudência, confira-se: Supremo Tribunal de Justiça, processo 02S1411, relator Azambuja da Fonseca, julgado em 04/07/2002; Tribunal da Relação do Porto, processo 85/14.2T8PVZ.P1, relator Fernando Baptista, julgado em 12/11/2015; Tribunal da Relação do Porto, processo 0733892, relator Manuel Capelo, julgado em 04/10/2007; Tribunal da Relação de Lisboa, processo 28048/15.3T8LSB.L1-4, relatora Maria José Costa Pinto, julgado em 17/05/2017.

não cooperativa que tornou *extremamente difícil* a prova para a parte onerada.[86]

De todo modo, a hipótese de inversão do ônus da prova prevista no art. 344, n. 2, do Código Civil consagra a fórmula *tu quoque*, que exprime a regra geral pela qual será abusiva a conduta do sujeito que viole uma norma jurídica e depois pretenda prevalecer-se da situação daí decorrente.[87] Caso contrário, "o agente em causa iria tirar partido do ilícito próprio".[88]

A regra do art. 344, n. 2, é aplicável somente às partes, pois é sobre elas que recaem os ônus probatórios no processo. Mas isso não significa que a recusa da parte tenha o efeito de tornar verdadeiro o fato controvertido. A conduta da parte infratora implicará a assunção, por ela, do encargo de provar que o fato não corresponde à realidade.[89] Mas se a violação da cooperação for cometida por terceiro, isso desencadeará as outras consequências previstas em lei (multa e medidas de coerção).

O próprio art. 344, n. 2, do Código Civil assegura que a incidência da inversão do ônus da prova não exclui a possiblidade de aplicação de outras penalidades, de que é exemplo

86. Supremo Tribunal de Justiça, processo 318/05.6TVPRT.P1.S1, relator Tomé Gomes, julgado em 24/05/2018; Supremo Tribunal de Justiça, processo 744/12.4TVPRT.P1.S1, relator Rosa Tching, julgado em 12/04/2018.

87. CORDEIRO, António de Menezes. *Tratado de direito civil*: parte geral. 3. ed., Coimbra: Almedina, 2018, v. 5, p. 365.

88. CORDEIRO, *Tratado*..., v. 5, p. 515. A jurisprudência caminha no mesmo sentido: "A 'ratio legis' desta disposição é que não seria justo que a parte a quem cabe o ónus da prova ficasse impossibilitada de a produzir por culpa de outra parte" (Supremo Tribunal de Justiça, processo 02S1411, relator Azambuja da Fonseca, julgado em 04/07/2002).

89. Supremo Tribunal de Justiça, processo 744/12.4TVPRT.P1.S1, relator Rosa Tching, julgado em 12/04/2018.

a multa. Hoje, portanto, encontra-se superada a ideia de que ao terceiro impunha-se multa e à parte que não cooperasse seriam reservadas apenas consequências probatórias. O regramento atual garante a coexistência de medidas repressivas à parte infratora e contribui para atenuar a rigidez da regra geral sobre ônus da prova.[90]

Extrai-se da jurisprudência o exemplo da recusa da parte em se submeter ao exame hematológico para a apuração da paternidade. Em determinado caso, tal recusa foi reputada ilegítima, culposa, violadora do dever de cooperação na fase de instrução e conducente à impossibilidade de produção da prova por outro meio. Aplicou-se então a inversão do ônus da prova. Como as alegações deduzidas pelo sujeito eram contrárias às provas dos autos, ele foi também sancionado com multa por litigância de má-fé. Ou seja, nesse caso coexistiram multa e consequência probatória.[91]

Em qualquer caso, as partes deverão ser previamente alertadas acerca da eventualidade da inversão do ônus da prova. Com isso poderão gerir adequadamente o esforço probatório que lhe é exigível e evitar uma decisão surpresa.[92]

Portanto, o art. 466 do CPC deixou clara a incidência da disciplina da cooperação especificamente no âmbito da prova por declarações de parte. Com isso, reafirmou-se a aplicação de todas as exigências de cooperação na fase de instrução, as

90. FARIA, Rita Lynce de. *Comentários ao Código Civil*: parte geral. Lisboa: Universidade Católica Editora, 2014, p. 816 (comentários ao art. 344).

91. Tribunal da Relação do Porto, processo 3210/13.7TBVNG.P1, relatora Anabela Dias da Silva, julgado em 24/02/2015.

92. Supremo Tribunal de Justiça, processo 318/05.6TVPRT.P1.S1, relator Tomé Gomes, julgado em 24/05/2018.

hipóteses de recusa e as consequências da recusa ilegítima da parte em cooperar com a produção da prova por declarações de parte.

O CPC brasileiro não possui regra equivalente à contida no art. 344 do Código Civil português, que determina expressamente a inversão do ônus da prova na hipótese de impossibilidade de produção da prova em razão de conduta não cooperativa da parte adversária.

Todavia, o CPC/15 brasileiro contém uma regra de espectro mais amplo do que a previsão contida no art. 344 do Código Civil português.

O art. 373, § 1º, do CPC/15 é uma norma inovadora no sistema jurídico brasileiro. Consagrou a chamada dinamização do ônus da prova, que consiste na autorização legal para que o juiz atribua o ônus da prova de forma diversa da prevista na regra geral (art. 373, incs. I e II, CPC/15), desde que preenchidos os seguintes requisitos: "impossibilidade ou à excessiva dificuldade de cumprir o encargo nos termos do *caput* ou à maior facilidade de obtenção da prova do fato contrário".[93-94]

Assim, as peculiaridades da causa podem conduzir o juiz a inverter o ônus da prova, atribuindo-lhe a quem não detinha originalmente o encargo. Nesse contexto, é irrelevante

93. No sistema espanhol, a inversão do ônus da prova pressupõe a demonstração dos requisitos da "disponibilidad y facilidad" (art. 217.7 da LEC), isto é, a redistribuição do ônus probatório levará em conta a parte que está em melhores condições de produzi-la (SENDRA, *Derecho*..., p. 523).

94. Maria Gabriela Rodrigues, seguindo o entendimento de Maria dos Prazeres Beleza, entende não haver possibilidade de inversão do ônus da prova no sistema português por razões de facilidade/dificuldade (RODRIGUES, Poderes..., p. 61).

a identificação do responsável pela dificuldade de produção da prova – que poderá, eventualmente, derivar justamente da recusa da outra parte em cooperar com a instrução probatória ou de qualquer outro evento.

No sistema brasileiro, portanto, admite-se a redistribuição do ônus da prova nos casos de "impossibilidade" ou "excessiva dificuldade", que podem ter sido causadas por motivos alheios ao processo, como decorrência de conduta ilícita da parte onerada ou por qualquer outra circunstância. O CPC/15 não exige uma comprovação de culpa do adversário e a impossibilidade de produção da prova, tal como ocorre no sistema português. Os requisitos do CPC brasileiro são mais genéricos e, consequentemente, de mais fácil preenchimento.

Em qualquer caso, deverá ser observado o limite previsto na própria regra: não se poderá dinamizar os ônus probatórios se a inversão "gerar situação em que a desincumbência do encargo pela parte seja impossível ou excessivamente difícil" (art. 373, § 2º, do CPC/15).

Portanto, conclui-se que o sistema brasileiro não contém previsão específica de inversão do ônus da prova quando a impossibilidade de provar decorre da recusa da parte em cooperar na fase de instrução. Mas uma interpretação adequada do CPC/15 permite a aplicação da dinamização do ônus da prova, inclusive, quando a "impossibilidade" ou a "excessiva dificuldade" de produzir a prova decorram de conduta ilícita perpetrada pela parte onerada.

4.5. Arremate

A investigação realizada neste tópico permite concluir que o sistema português atribui especial relevância à cooperação em matéria probatória. Isso é confirmado pela existência da regra geral do art. 417 do CPC e de remissões expressas a tal dispositivo no regramento particular de alguns meios prova.

Especificamente no que concerne à remissão expressa ao dever de cooperação existente na prova por declarações de parte, entende-se que se tratou de uma reiteração necessária. Em síntese, destina-se a deixar claro que a possibilidade de as declarações serem de iniciativa da parte não a exime de cooperar. Ela deverá agir com boa-fé, lealdade, veracidade, respondendo de forma completa e adequada a tudo que lhe for questionado. Ou seja, a remissão funcionará como um alerta à parte, no sentido de que deverá cooperar tanto quanto cooperaria no âmbito de qualquer outro meio de prova – independentemente de quem tenha sido a iniciativa da propositura da prova.

O CPC português é mais rígido do que o CPC brasileiro no que tange às consequências do descumprimento pelas partes do dever de cooperar na atividade de instrução. O sistema português permite a aplicação de multas, imposição de medidas coercitivas, livre valoração probatória da conduta da parte e inversão do ônus da prova – cada qual incidente em uma hipótese específica.

O CPC brasileiro também contempla mecanismos sancionatórios e coercitivos, de modo a assegurar o cumprimento do dever de cooperação na fase de produção de provas.

Contudo, como regra não se admite no processo civil brasileiro a valoração probatória da conduta da parte, fora das hipóteses típicas previstas na lei. Mas isso não significa que a conduta não possa auxiliar na interpretação de um contexto probatório. O que se reputa inviável é a conduta processual da parte ser considerada suficiente para provar, de forma autônoma, uma alegação fática deduzida no processo.

O CPC brasileiro também não contém previsão legal para a inversão do ônus da prova como reprimenda à conduta violadora do dever de cooperar na fase de instrução. Todavia, admite-se a aplicação concreta da *dinamização* do ônus da prova, nos termos do art. 373, § 1º, do CPC/15, quando a impossibilidade ou a excessiva dificuldade de provar decorra, por exemplo, da recusa do adversário em cooperar com a atividade de produção de provas.

Isso permite concluir que as consequências decorrentes do descumprimento dos deveres de cooperação pelas partes na fase de instrução previstas no regramento do CPC brasileiro são bem menos rigorosas do que as existentes no CPC português.

5. CONCLUSÕES

Os temas desenvolvidos no presente trabalho permitem atingir as seguintes conclusões acerca das hipóteses lançadas no capítulo introdutório.

A prova por declarações de parte, positivada no art. 466 do CPC de 2013, representou verdadeira inovação no sistema jurídico português. Muito embora o regramento anterior já admitisse a livre valoração probatória das declarações não confessórias, não há dúvida de que o CPC de 1961 não contemplava autorização para que a parte requeresse a oportunidade de ela própria prestar as suas declarações, com finalidade probatória.

Além disso, a previsão expressa do cabimento da prova por declarações de parte contribui para uma mudança de mentalidade, especificamente quanto à ampliação do papel das partes na transmissão de informações diretamente ao juiz.

O CPC brasileiro não contém regra equivalente à contida no art. 466 do CPC português. Todavia, à luz do sistema brasileiro, há quem vislumbre uma finalidade mais ampla no depoimento pessoal. Partindo da premissa de que ele se destina não apenas à obtenção da confissão, mas também a melhor esclarecer os fatos ao juiz, inclusive com finalidade probatória, não haveria óbice a que a própria parte requeresse o seu depoimento pessoal. Porém, caso não se reconheça um caráter tão abrangente no depoimento de parte no sistema brasileiro, também seria possível admitir que a parte requeira a oportunidade de prestar suas declarações em juízo, a título de prova atípica. Ainda, as partes poderiam celebrar negócio jurídico processual, cujo objeto seja a admissão da prova por declarações de parte no processo (art. 190 do CPC/15).

O emprego da prova por declarações de parte no Brasil seria especialmente relevante, por exemplo, *(i)* nos casos envolvendo direito de família, em que a oitiva dos ex-cônjuges costuma ser bastante esclarecedora para se resolver disputas sobre a guarda de filhos menores ou *(ii)* nas demandas em que se pleiteia indenização por dano moral, pois a oitiva da parte pode ser decisiva para a formação da convicção do julgador acerca da ocorrência do dano e da intensidade do abalo sofrido.

Qualquer dessas soluções concebidas a partir do sistema brasileiro vigente representaria uma oportunidade (quando menos) equivalente à prevista no art. 466 do CPC português.

Tanto as partes quanto o juiz estão autorizados a propor a produção da prova por declarações de parte. Contudo, esse meio de prova somente pode ser requerido pela própria parte que pretende prestar suas declarações. Afinal, é uma oportunidade de ela transmitir diretamente ao juiz informações sobre determinados fatos da causa, com finalidade probatória. Como não é um meio de prova vocacionado à obtenção da confissão (tal como ocorre com o depoimento de parte), não se reputa possível que uma parte requeira que a outra parte preste declarações.

A determinação da produção da prova por declarações de parte *ex officio* pelo juiz é compatível com os poderes inquisitórios previstos no art. 411 do CPC, que o autoriza a determinar a produção de todos os meios de prova – inclusive, portanto, da prova por declarações de parte.

Em ambas as hipóteses, a prova por declarações de parte tem a potencialidade de impactar nas atividades processuais das partes e do juiz. As partes terão de avaliar com bastante cuidado a utilidade e o momento de prestar suas declarações. Por exemplo, caso a parte requeira tal meio de prova após os articulados (o que é admissível), isso poderá transparecer fragilidade do conjunto probatório existente no processo. Ainda, ao requerer tal prova, ela assumirá o risco de que suas declarações sejam valoradas contrariamente aos seus interesses (em favor de seu adversário, por exemplo). Além desses aspectos, o deferimento desta prova poderá exigir uma reorganização do processo, pois surgirá a necessidade concreta de se definir um momento para que a parte preste suas declarações em audiência.

A prova por declarações de parte não era extraível do dever de cooperação previsto no CPC português. A convocação das partes para prestar esclarecimentos não permitia (e não permite) extrair uma finalidade probatória das informações transmitidas pela parte. O objetivo principal de tal convocação é esclarecer sobre questões de fato ou de direito, não de produzir prova sobre qualquer alegação.

Contudo, o regime da cooperação na fase de produção de provas incide com todo o vigor sobre a prova por declarações de parte – inclusive quanto às consequências probatórias decorrentes do seu descumprimento.

A mesma solução é encontrada no sistema brasileiro. O art. 139, inc. VIII, do CPC/15 atribui ao juiz o poder de determinar o comparecimento pessoal das partes, para que sejam inquiridas sobre os fatos da causa. É a figura do interrogatório de parte, que não possui finalidade probatória.

Por fim, merece destaque o caso Dombo, cujas premissas foram relevantes para o desenvolvimento deste trabalho. Trata-se de precedente formado no âmbito do Tribunal Europeu dos Direitos do Homem, em que se admitiu a possibilidade de as partes prestarem suas declarações com função probatória, nos casos de inexistência de prova. Esse caso originou-se de uma decisão oriunda do Poder Judiciário holandês e conduziu à alteração legislativa daquele país para incluir a possibilidade de a parte requerer a sua própria oitiva perante o juiz.

Esse precedente, portanto, pode servir como importante baliza para a intepretação da prova por declarações de parte no sistema português.

Contudo, a doutrina portuguesa é bastante escassa acerca da análise do caso Dombo. Há poucos trabalhos que se dedicaram a examiná-lo de forma mais detida.

Paralelamente, não se encontram referências precisas acerca da eventual influência do caso Dombo para a alteração do CPC português. As pesquisas realizadas indicam que o caso Dombo talvez não tenha sido sequer objeto de preocupação nos debates legislativos que antecederam a inserção da prova por declarações de parte no CPC de 2013. Rigorosamente, não seria despropositado cogitar que o caso Dombo não tenha exercido nenhuma influência direta sobre a opção legislativa de incluir a prova por declarações de parte no sistema português.

De todo modo, mesmo que de forma não intencional, o exame do art. 466 do CPC de 2013 permite concluir que tal dispositivo legal contemplou premissas estabelecidas no caso Dombo, porém de forma mais ampla. Permitiu que as partes tenham a oportunidade de prestar declarações com finalidade probatória não apenas nos casos de inexistência de prova, mas também quando identificarem, por exemplo, que as declarações tornarão mais robusto o conjunto probatório.

Tal como ocorreu no caso Dombo, constatou-se que no sistema português isso será especialmente relevante nos casos em que a alegação que se pretenda provar seja de difícil demonstração (p. ex., quando os fatos se passaram em ambiente reservado, apenas com a presença das partes).

Com isso, conclui-se que a inserção da prova por declarações de parte no CPC de 2013 representou relevante avanço do direito probatório português e que se encontra em consonância com o direito a um processo equitativo, na perspectiva do direito à prova.

6. REFERÊNCIAS BIBLIOGRÁFICAS

ALEXANDRE, Isabel. A fase da instrução e os novos meio de prova no Código de Processo Civil de 2013. *Caderno I – O Novo Processo Civil – Contributos da doutrina para a compreensão do Novo Código de Processo Civil* (2ª Edição) – e-book.

_____. *Provas ilícitas em processo civil.* Coimbra: Almedina, 1998.

ALMEIDA, Francisco Manuel Lucas Ferreira de. *Direito processual civil.* 2. ed. Coimbra: Almedina, 2018, v. 1.

AMARAL, Jorge Augusto Pais de. *Direito processual civil.* 14. ed. Coimbra: Almedina, 2018.

AMARAL, Paulo Osternack. *Provas*: atipicidade, liberdade e instrumentalidade. 3. ed. São Paulo: Revista dos Tribunais, 2021.

AMENDOEIRA Jr., Sidnei. Depoimento pessoal e confissão no Novo CPC. In: JOBIM, Marco Félix; FERREIRA, William Santos (coords.). *Direito probatório.* Salvador: Juspodivm, 2015.

ANDRADE, Manuel A. Domingues de. *Noções elementares de processo civil.* Coimbra: Coimbra Editora, 1979.

ARAGÃO, Egas Dirceu Moniz de. *Exegese o Código de Processo Civil*: arts. 329 a 399. Rio de Janeiro: Aide, s/d, vol. 4, tomo 1.

ASSIS, Araken. *Processo civil brasileiro.* São Paulo: Revista dos Tribunais, 2015, v. 3.

BARATA-MOURA, José. *Que fazer com a mentira?* Seminário Nacional – O perfil do juiz na tradição ocidental. Coimbra: Almedina, 2009.

BARRETO, Ireneu Cabral. *A Convenção Europeia dos Direitos do Homem Anotada.* 5. ed. Coimbra: Almedina, 2015.

BENEDUZI, Renato. *Introdução ao processo civil alemão.* Salvador: Juspodivm, 2015.

BIANCHI, Giorgio. *La Prova Civile. Onere e ammissibilità della prova nem Codice civil.* Padova: Cedam, 2009.

BONICIO, Marcelo José Magalhães. *Princípios do Processo no Novo Código de Processo Civil.* São Paulo: Saraiva, 2016.

BRANCO, Carlos Castelo. *A prova ilícita: verdade ou lealdade?* Coimbra: Almedina, 2019.

BUENO, Cassio Scarpinella. *Curso sistematizado de direito processual civil.* 9. ed. São Paulo: Saraiva, 2018, v. 1.

_____. *Manual de direito processual civil.* São Paulo: Saraiva, 2015.

CADIET, Loïc; JEULAND, Emmanuel. *Droit judiciaire privé.* 8. ed. Paris: LexisNexis, 2013.

CÂMARA, Alexandre Freitas. Dimensão processual o princípio do devido processo constitucional. *Revista de Direito do Tribunal de Justiça do Estado do Rio de Janeiro.* n. 104, p. 13-25, jul./set. 2015.

CAMARINHA, Leopoldo; RODRIGUES, Benjamim Silva. *Código de processo civil comentado.* Artigos 410º a 626º. Lisboa: Rei dos Livros, 2015.

CAMBI, Eduardo. *Conduta processual das partes (e de seus procuradores) como meio de prova e teoria narrativista do Direito.* Disponível em http://www.revistadoutrina.trf4.jus.br/index.htm?http://www.revistadoutrina.trf4.jus.br/artigos/edicao057/Eduardo_Cambi.html – Acesso em 19.12.2016.

CAMPOS, João Mota de.; PEREIRA, António Pinto; CAMPOS, João Luiz Mota de. *O direito processual da União Europeia.* 2. ed. Lisboa: Fundação Calouste, 2014.

CAMPOS, Sara Rodrigues. *(In)admissibilidade de provas ilícitas*: dissemelhança na produção de prova no direito processual? Coimbra: Almedina, 2018.

CAPPELLETTI, Mauro. *La testimonianza della parte nel sistema della'oralità.* Milão: Giuffrè, 1962, vol. 1.

CARBONELL, Anna Queral; CROS, Bibiana Segura; GARCÍA, Marta Del Valle. Sujetos y capacidade. In: LLUCH, Xavier Abel; JUNOY, Joan Picó I (diretores). *El interrogatorio de partes.* Barcelona: Bosch, 2007.

CARNELUTTI, Francesco. *La prueba civil.* 2. ed. Trad. de Niceto Alcalá-Zamora y Castillo. Buenos Aires: Depalma, 2000.

CARVALHO, José Henrique Delgado de. *Os temas da prova: A fase da condensação no processo declarativo.* 2. ed. Lisboa: Quid Juris, 2015.

CHABY, Estrela. *O depoimento de parte em processo civil.* Coimbra: Coimbra Editora, 2014.

CONDE, Fernando Jiménez. *El interrogatorio de las partes en el proceso civil.* Navarra: Editorial Arazandi, 2007.

CONTE, Mario. *Le prove nel processo civile.* Milão: Giuffrè Editore, 2002.

CORDEIRO, António de Menezes. *Tratado de direito civil*: parte geral. 3. ed., Coimbra: Almedina, 2018, v. 5.

CORREIA, João; PIMENTA, Paulo; CASTANHEIRA, Sérgio. *Introdução ao Estudo e à Aplicação do Código de Processo Civil de 2013*. Coimbra: Almedina, 2013.

COUCHEZ, Gérard; LAGARDE, Xavier. *Procédure civile*. 16. ed. Paris: Dalloz, 2011.

CUNHA, António Júlio. *Direito processual declarativo à luz do Novo Código de Processo Civil*. 2. ed. Lisboa: Quid Juris, 2015.

DAVID, Tiago Bitencourt de. O depoimento pessoal a requerimento da própria parte como meio de prova no direito processual civil. *Revista jurídica,* n. 435, jan./2014, p. 9-14.

DIDIER JR., Fredie. *Curso de direito processual civil*. 17. ed., Salvador: Juspodivm, 2015, v. 1.

_____. *Fundamentos do princípio da cooperação no direito processual civil português*. Coimbra: Coimbra Editora, 2010.

_____; BRAGA, Paula Sarno; OLIVEIRA, Rafael Alexandria de. *Curso de direito processual civil*. 10. ed., Salvador: Juspodivm, 2015, v. 2.

DINAMARCO, Cândido Rangel. *Instituições de direito processual civil*. 8. ed. São Paulo: Malheiros, 2016, v. 1.

_____. *Instituições de direito processual civil*. 7. ed. São Paulo: Malheiros, 2017, v. 3.

_____; LOPES, Bruno Vasconcelos Carrilho. *Teoria geral do novo processo civil*. São Paulo: Malheiros, 2016.

DOUCHY-OUTDOT, Mélina. *Procédure civile*. 5. ed. Paris: Gualino, 2012.

FARIA, Paulo Ramos de; LOUREIRO, Ana Luísa. *Primeiras notas ao novo Código de Processo Civil:* os artigos da reforma. 2. ed. Coimbra: Almedina, 2014, v. 1.

FARIA, Rita Lynce de. *Comentários aos arts. 341 a 351*. In: FERNANDES, Luís Carvalho; PROENÇA, José Brandão (coords.). *Comentários ao Código Civil*: parte geral. Lisboa: Universidade Católica Editora, 2014.

FARINHA, João de Deus Pinheiro. Convenção europeia dos direitos do homem anotada. *Convenção para a protecção dos direitos do homem e das liberdades fundamentais*. Lisboa, 1980.

FENOLL, Jordi Nieva. *Derecho procesal II. Proceso civil*. Madri: Marcial Pons, 2015.

FERNANDEZ, Elizabeth. *Um novo Código de Processo Civil? Em busca de diferenças*. Porto: Vida Económica, 2014.

FERREIRA, William Santos. *Breves comentários ao novo código de processo civil*. 3. ed. São Paulo: Revista dos Tribunais, 2016 (comentários ao art. 379 do CPC/15).

FREITAS, José Lebre de. *A ação declarativa comum* (à luz do Código de Processo Civil de 2013). 4. ed. Coimbra: Gestlegal, 2017.

_____. *A confissão no direito probatório*. 2. ed. Coimbra: Coimbra editora, 2013.

_____. *A falsidade no direito probatório*. 2. ed. Coimbra: Almedina, 2013.

_____. A igualdade de armas no direito processual civil português. *O Direito*, n. IV, p. 617-627, out./dez. 1992 e *Separata da Revista O Direito*, ano 124, vol. IV, 1992.

_____. Do conteúdo da base instrutória. *Julgar,* n. 17, maio/agosto de 2012, Coimbra Editora, Lisboa.

_____. Inconstitucionalidades do Código de Processo Civil. *Separata da Revista da Ordem do Advogados* , ano 52, I, Lisboa, abril 1992.

_____. *Introdução ao processo civil: conceito e princípios gerais à luz do novo Código.* 4. ed. Coimbra: Gestlegal, 2017.

_____. Parecer da comissão de legislação da Ordem dos Advogados sobre o projecto de Código de Processo Civil. *Separata da Revista da Ordem dos Advogados,* ano 50, III, Lisboa, Dezembro, 1990.

_____. Sobre o novo Código de Processo Civil (uma visão de fora). *Separata da Revista da Ordem dos Advogados,* ano 73, I, Lisboa, jan./mar. 2013.

_____; ALEXANDRE, Isabel. *Código de Processo Civil Anotado*: artigos 1º a 361º. 4. ed. Coimbra: Almedina, 2018, v. 1.

_____; ALEXANDRE, Isabel. *Código de Processo Civil Anotado*: artigos 362º a 626º. 3. ed. Coimbra: Almedina, 2018, v. 2.

_____; MACHADO, A. Montalvão; PINTO, Rui. *Código de Processo Civil Anotado*: artigos 381.º a 675.º. Coimbra: Coimbra Editora, 2001, v. 2.

_____; REDINHA, João; PINTO, Rui. *Código de processo civil anotado (vol. 1 – artigos 1.º a 380.º-A).* 2. ed., Coimbra: Coimbra Editora, 2008.

GAJARDONI, Fernando da Fonseca; DELLORE, Luiz; ROQUE, Andre Vasconcelos; OLIVEIRA JR., Zulmar Duarte de. *Teoria geral do* processo: comentários ao CPC de 2015 – parte geral. São Paulo: Forense, 2015.

GERALDES, António Santos Abrantes; PIMENTA, Paulo; SOUSA, Luís Filipe Pires de. *Código de Processo Civil Anotado*: parte geral e processo de declaração. Coimbra: Almedina, 2018, v. 1.

GRADI, Marco. Sincerità dei litiganti ed etica della narrazione nel processo civile. *Lo Sguardo – Rivista di filosofia.* n. 8, Etica della responsabilità: applicazioni e problemi, p. 95-117, 2012 (I).

GRECO, Leonardo. *Instituições de processo civil.* Rio de Janeiro: Forense, 2010, v. 2.

GUASP, Jaime; ARAGONESES, Pedro. *Derecho procesal civil.* 7. ed. Madri: Civitas, 2005, v. 1.

GUINCHARD, Serge; CHAINAIS, Cécile; FERRAND, Frédérique. *Procédure civile*: droit interne et droit de l'Union européenne. 31. ed. Paris: Dalloz, 2012.

HÉRON, Jacques; LE BARS, Thierry. *Droit judiciaire privé.* 5. ed. Paris: Montchrestien, 2012.

JAUERNIG, Othmar. *Direito processual civil.* 25. ed., totalmente refundida, da obra criada por Friedrich Lent, traduzida por F. Silveira Ramos. Coimbra: Almedina, 2002.

LEANZA, Piero. *Le Prove Civili.* Nuova Edizione. Torino: G. Giappichelli Editore, 2012.

LIEBMAN, Enrico Tullio. *Manuale di Diritto Processuale Civile.* 7. Ed. Milão: Giuffrè Editore, 2007.

LLOBET, Ramón Arbós i; RODRÍGUEZ, Carmen Ortiz. Valoración del interrogatorio de parte. In: LLUCH, Xavier Abel; JUNOY, Joan Picó I (diretores). *El interrogatorio de partes.* Barcelona: Bosch, 2007.

LLUCH, Xavier Abel. *Derecho probatório.* Barcelona: J.M. Bosch Editor, 2012.

_____. El interrogatorio de partes. In: LLUCH, Xavier Abel; JUNOY, Joan Picó I (diretores). *El interrogatorio de partes.* Barcelona: Bosch, 2007.

LLUCH, Xavier Abel. La parte proponente. In: LLUCH, Xavier Abel (diretor). *El interrogatorio de las partes en la Ley 1/2000, de Enjuiciamiento Civil.* Barcelona: Bosch, 2008.

LOPES, João Batista. *A prova no direito processual civil.* São Paulo: Revista dos Tribunais, 1999.

MANDRIOLI, Crisanto. *Corso di Diritto Processuale Civile. I – Nozioni Introduttive e Disposizioni Generali.* 9. ed. Torino: G Giappichelli Editore, 2011.

_____. *Corso di Diritto Processuale Civile. II – Il Processo di Cognizione.* 9. ed. Torino: G. Giappichelli Editore, 2011.

MARQUES, João Paulo Remédio. A aquisição e a valoração probatória de factos (des)favoráveis ao depoente ou à parte chamada a prestar informações ou esclarecimentos. *Julgar*, n. 16, jan.-abr., Coimbra, Coimbra Editora, 2012.

MENDES, João de Castro; SOUSA, Miguel Teixeira de. *Manual de processo civil.* Lisboa: AAFDL, 2022, v. 1.

MIRANDA, Francisco Cavalcanti Pontes de. *Comentários ao código de processo civil*: tomo IV – arts. 282 a 443. 3. ed. Rio de Janeiro: Forense, 1997.

MIRANDA, Jorge. Constituição e Processo Civil. *Separata da Revista Direito e Justiça.* volume VIII, tomo 2, 1994.

_____; MEDEIROS, Rui. *Constituição portuguesa anotada* –arts. 1.º a 79.º. 2. ed. revista, Lisboa: Universidade Católica Editora, 2017, vol. 1.

MOREIRA, José Carlos Barbosa. Breve notícia sobre a reforma do processo civil alemão. *Temas de direito processual (oitava série).* São Paulo: Saraiva, 2004.

NAVARRO, Angel Bonet y. *La prueba de confesion en juicio.* Barcelona: Libreria Bosch, 1979.

NAVARRO, José Bonet. *La prueba en el proceso civil.* Madri: Difusión, 2009.

NERY JUNIOR, Nelson. *Princípios do Processo na Constituição Federal.* 12. ed. rev. atual. e aum. São Paulo: Revista dos Tribunais, 2016.

NOGUER, Nuria Fachal; FLOTATS, Rosa Font. La valoración del interrogatorio de las partes. In: LLUCH, Xavier Abel (diretor). *El interrogatorio de las partes en la Ley 1/2000, de Enjuiciamiento Civil.* Barcelona: Bosch, 2008.

OLIVEIRA, Carlos Alberto Alvaro de. *Poderes do juiz e visão cooperativa do processo.* Separata da Revista da Faculdade de Direito da Universidade de Lisboa, volume XLIV, n.ºs 1 e 2, Coimbra Editora, 2003.

PEDRA, Catarina Gomes. *A prova por declarações das partes no novo Código de Processo Civil: em busca da verdade material no processo.* Dissertação de mestrado da Escola de Direito da Universidade do Minho, 2014.

PEREIRA, Fernando Silva. Princípio da cooperação e dever jurídico de colaboração probatória – uma análise à luz do novo Código de Processo Civil. *Revista da Faculdade de Direito da Universidade do Porto.* p. 111-131, Ano X, 2013.

PIERRE-MAURICE, Sylvie. *Leçons de procédure civile*. Paris: Ellipses, 2011.

PIMENTA, Alberto. *A representação judicial das sociedades por ações e o direito de probatório (depoimento de parte e prova testemunhal)*. Coimbra: Almedina, 1973.

PIMENTA, Paulo. *Os temas da prova. Caderno I – O Novo Processo Civil – Contributos da doutrina para a compreensão do Novo Código de Processo Civil* (2ª Edição) – e-book.

_____. *Processo civil declarativo*. 2. ed. Coimbra: Almedina, 2017.

PINTO, Rui. *Código de Processo Civil Anotado*. Coimbra: Almedina, 2018, v. 1.

_____. *Código de Processo Civil Anotado*. Coimbra: Almedina, 2018, v. 2.

_____. *Notas ao Código de Processo Civil*. 2. ed. Coimbra: Coimbra Editora, 2015, v. 1 e 2.

PISANI, Andrea Proto. *Lezione di Diritto Processuale Civile*. 5. ed. Napoli: Jovene Editore, 2012.

RAMOS, Vitor de Paula. *Código de processo civil anotado*. 3. ed. Rio de Janeiro: LMJ Mundo Jurídico, 2018 – comentários aos arts. 369 a 380.

_____. *Ônus da prova no processo civil – do ônus ao dever de provar*. São Paulo: Revista dos Tribunais, 2015.

_____. *Prova testemunhal*. São Paulo: Revista dos Tribunais, 2018.

REGO, Carlos Francisco de Oliveira Lopes do. *Comentários ao Código de Processo Civil (art. 1º a art. 800º)*, Coimbra: Almedina, 2004, v. I.

REGO, Carlos Lopes do. Os princípios constitucionais da proibição da indefesa, da proporcionalidade dos ónus e cominações e o regime da citação em processo civil. *Estudos em homenagem ao Conselheiro José Manuel Cardoso da Costa*. Coimbra: Coimbra Editora, 2003.

REIS, José Alberto dos. *Código de processo civil anotado*. 3. ed. (reimpressão) Coimbra: Coimbra Editora, 2012, vol. 3 e 4.

RICCI, Gian Franco. *Principi di diritto procesuale generale*. 4. ed. Torino: G. Giappichelli Editore, 2012.

RIGHI, Ivan Ordine. Os poderes do juiz. *Jurisprudência Brasileira*, Curitiba, n. 169, p. 41-50, jan./mar. 1993.

RODRIGUES, Fernando Pereira. *O novo processo civil*: os princípios estruturantes. Coimbra: Almedina, 2013.

_____. *Os meios de prova em processo civil*. 3. ed. Coimbra: Almedina, 2017.

RODRIGUES, Maria Gabriela A. L. da Cunha. Poderes de iniciativa do juiz em processo civil e ónus da prova. *Revista do Centro de Estudos Judiciários – CEJ*, Lisboa, n. 1, 1º semestre de 2016.

ROSSI, Maria Luisa. *Il comportamento delle parti nel processo*. Milão: Giuffrè, 2003.

SALVANESCHI, Laura. Dovere di collaborazione e contumacia. *Rivista di Diritto Processuale*, ano LXIX, n. 3, maio-jun. 2014.

SANTOS, Moacyr Amaral. *Prova judiciária no cível e comercial*. 5. ed., São Paulo: Saraiva, 1983, v. 2.

SENDRA, Vicente Gimeno. *Derecho procesal civil*: el proceso de declaración (parte general). Madri: Castillo de Luna, 2016.

SERRA, Adriano Pais da Silva Vaz. Provas (direito probatório material). *Boletim do Ministério da Ivstiça*, n. 112, janeiro de 1962.

SILVA, Paula Costa e. *A litigância de má fé*. Coimbra: Coimbra Editora, 2008.

_____. *Acto e processo*. São Paulo: revista dos Tribunais, 2019.

_____. A realização coercitiva de testes de ADN em acções de estabelecimento da filiação. *Estudos de Direito da Bioética*. Coimbra: Almedina, 2005.

_____. Poderes do tribunal de recurso sobre o objecto do processo. *Cadernos de direito privado*, n. 1, p. 63-74, jan./mar. 2003.

_____. Saneamento e condensação no novo processo civil: a fase da audiência preliminar. *Aspectos do novo processo civil*. Lisboa: Lex, 1997.

_____; REIS, Nuno Trigo dos. A prova difícil: da probatio levior à inversão do ónus da prova. *Revista de Processo*, n.º 222, p. 149-170, ago. 2013.

_____; REIS, Nuno Trigo dos. *Efeitos lícitos da prova ilícita em processo estadual e arbitral*. Lisboa: AAFDL, 2019.

SOUSA, Luís Filipe Pires de. As declarações de parte. Uma síntese. *Data venia (revista jurídica digital)*. Ano 5, n.º 7, p. 5-47, set. 2017.

_____. *Prova testemunhal*. Coimbra: Almedina, 2017.

SOUSA, Miguel Teixeira de. A jurisprudência constitucional portuguesa e o direito processual civil. *XXV anos de jurisprudência constitucional portuguesa*. Coimbra: Coimbra Editora, 2009.

_____. *As partes, o objecto e a prova na acção declarativa*. Lisboa: Lex, 1995.

_____. Declarações de parte e "factos-surpresa". https://blogippc.blogspot.com/2014/05/declaracoes-de-parte-e-factos-surpresa.html – acessado em 14/12/2018.

_____. Declarações de parte; relevância probatória; graus de prova. https://blogippc.blogspot.com/2017/01/jurisprudencia-536.html – acessado em 10/01/2019.

_____. *Estudos sobre o novo processo civil*. 2. ed. Lisboa: LEX, 1997.

_____. *Omissão do dever de cooperação do tribunal: que consequências?*, in https://www.academia.edu/10210886/M._TEIXEIRA_DE_SOUSA_Omiss%C3%A3o_do_dever_de_coopera%C3%A7%C3%A3o_do_tribunal_que_consequ%C3%AAncias_01.2015 – acessado em 19.12.2016.

_____. Prova por declarações de parte; relações jurídicas indisponíveis. https://blogippc.blogspot.com/2014/04/prova-por-declaracoes-da-parte-relacoes.html – acessado em 14/12/2018.

_____. Reflexões sobre a legitimidade das partes em processo civil. *Cadernos de direito privado*, n. 1, p. 3-13, jan./mar. 2003.

_____. Sobre a qualidade de parte processual. In: CORDEIRO, António Menezes; LEITÃO, Luís Menezes; GOMES, Januário da Costa. *Estudos em homenagem ao Prof. Doutor Inocêncio Galvão Telles*. vol. 1, Coimbra: Almedina, 2002.

_____. *Sobre a teoria do processo declarativo*. Coimbra: Coimbra Editora, 1980.

TALAMINI, Eduardo. Cooperação no novo CPC (primeira parte): os deveres do juiz. https://www.migalhas.com.br/dePeso/16,MI226236,41046-Cooperacao+no+novo+CPC+primeira+parte+os+deveres+do+juiz – acessado em 10/01/2019.

TARUFFO, Michele. Prove atipiche e convincimento del giudice. *Rivista di diritto processuale,* n. 3, p. 389-434, jul./set., 1973.

_____. *Uma simples verdade*: o juiz e a construção dos fatos. Trad. Vitor de Paula Ramos. São Paulo: Macial Pons, 2016.

THEODORO JÚNIOR, Humberto. *Curso de Direito Processual Civil.* 59. ed. rev. atual. e ampl. Rio de Janeiro: Forense, 2018, vol. 1.

VALLES, Edgar. *Prática processual civil.* 11. ed. Coimbra: Almedina, 2019.

VAN RHEE, C.H. Evidence in civil procedure in the Netherlands: tradition and modernity. In: VAN RHEE, C.H.; UZELAC, A. (coords.). *Evidence in contemporary civil procedure (fundamental issues in a comparative perspective).* Cambridge: Intersentia, 2015.

VARELA, Antunes; BEZERRA, J. Miguel; NORA, Sampaio e. *Manual de processo civil.* 2. ed. Coimbra: Coimbra Editora, 1985.

WAMBIER, Luiz Rodrigues; TALAMINI, Eduardo. *Curso avançado de processo civil.* 16. ed. São Paulo: Revista dos Tribunais, 2016, v. 2.

XAVIER, Rita Lobo; FOLHADELA, Inês; CASTRO, Gonçalo Andrade e. *Elementos de direito processual civil:* teoria geral, princípios e pressupostos. 2. ed. Porto: Universidade Católica Editora, 2018.

YARSHELL, Flávio Luiz. *Curso de Direito Processual Civil.* São Paulo: Marcial Pons, 2014.

_____. *Tutela jurisdicional.* 2. ed., São Paulo: 2006.

EDITORA JusPODIVM
www.editorajuspodivm.com.br

RENOVA GRAF
www.renovagraf.com.br